DA SERRA DO TECO À ALDEIA DA SERRA

Direção editorial: *Eduardo Viegas Meirelles Villela*

Coordenação editorial: *Ana Carolina Santin Guerra*

Revisão: *Malvina Tomaz*

Ilustrações, diagramação e projeto gráfico de miolo: *Marcelo da Paz*

Arte completa e ilustração de capa: *Marcelo da Paz*

Dados Internacionais de Catalogação na Publicação (CIP)
Bibliotecária Juliana Farias Motta CRB7/5880

S232d Santana, Francisco Solano de

Da serra do teco à aldeia da serra /Francisco Solano de Santana.. — 1.ed. — São Paulo(SP): EV Publicações, 2025.

400 p.; 17 cm x 24 cm .

ISBN:978-65-87369-49-5

1.Crônicas brasileiras. I. Título

CDD B869.8

Caso deseje adquirir lotes de exemplares do livro, entre em contato pelo e-mail eduvillela@evpublicacoes.com.br ou pelo WhatsApp (11) 96851-1515.

Para atendimento ao cliente, utilize, por gentileza, os mesmos contatos acima.

DA SERRA DO TECO À ALDEIA DA SERRA

FRANCISCO SOLANO DE SANTANA

Agradecimentos

Agradeço ao meu pai, que partiu quando eu tinha menos de três anos, mas que até hoje me envia ensinamentos. É como se ele estivesse vivo e me olhasse em vigília, ensinando-me a desviar das armadilhas.

Agradeço à minha mãe, que fez o verdadeiro papel de mãe, sem nunca ter me abandonado, dedicando-me amor, carinho e proteção — uma verdadeira leoa!

Agradeço aos meus irmãos pela formação de uma família construída sobre os pilares do amor e da união.

Agradeço à minha esposa e aos meus filhos pela concepção desses mesmos valores.

Agradeço a algumas pessoas que, mesmo de passagem, tiveram a sabedoria de me mostrar as arapucas armadas no caminho.

Agradeço à Polícia Civil e a alguns de seus membros, sem arriscar nominar todos aqui, mas certo de que eles sabem a quem estou me referindo.

Por fim, agradeço a Nossa Senhora Aparecida, porque com ela nunca estarei só. Sempre me sentirei fortalecido para seguir em frente, pois acredito que tenho muita estrada para percorrer, muitas coisas para plantar, muitas coisas para colher, e quem sabe uma delas seja outro livro para contar os caminhos que me fizeram chegar até aqui, sem nenhum arranhão que pudesse comprometer minha saúde mental e espiritual!

Homenagem à minha esposa

Ao apresentar estes textos de minha lavra — simples, mas originais —, quero, antes de tudo, prestar homenagem à minha esposa, Regina, carinhosamente chamada de Nina, com quem partilho minha vida desde 1977…

Nina, você é minha árvore frondosa, que me dá o descanso, carregada de frutos suculentos, que me alimentam e me dão prazer. Você é o meu riacho de águas límpidas, que me mata a sede e me refresca. Você é a alma em que regozija o meu espírito. Você é o sangue que impulsiona o meu coração. Você é o fogo que me aquece nas noites frias e a brisa que me acaricia o rosto nos dias de calor. Você é a paz que eu preciso ter. Você é o brilho e a luz da lua e do sol a me guiar ao paraíso.

E, quando eu morrer e lá estiver, vou agradecer a Deus por ter enviado um anjo à terra para me resgatar, e me sentarei debaixo da árvore frondosa, à beira do riacho, iluminado pelo sol e pela lua, esperando por você…

Quando você chegar, toda formosa, envolta em linho branco e perfumada pelas flores do campo, vamos nos dar as mãos e, juntos, percorreremos o novo mundo, onde habitam somente as pessoas que se amam.

Nino

Sumário

Apresentação

por Giovanna de Santana*

É com grande orgulho e emoção que apresento a vocês este livro, um testemunho vívido e sincero da vida e trajetória de meu pai, Francisco Solano de Santana, desde suas raízes no interior da Bahia até suas conquistas na maior metrópole do Brasil, São Paulo.

O livro começa com histórias encantadoras da infância de meu pai na Fazenda Serra do Teco, em Brejões, onde, ainda menino, vivenciou uma infância rica em simplicidade e liberdade. As histórias são narradas com um carinho palpável e detalhes vívidos, permitindo que os leitores quase sintam os aromas e ouçam os sons com que ele descreve Brejões, com suas tradições e costumes, pintada com as cores da nostalgia, trazendo à tona um tempo em que a felicidade era encontrada nas pequenas coisas.

Caçula de 16 irmãos, aos 12 anos, meu pai e sua mãe foram os últimos de sua família a migrarem para São Paulo. Ele conta sobre a despedida de sua terra natal, a longa viagem e as dificuldades encontradas ao chegar na cidade grande. São Paulo, com sua imensidão e ritmo frenético, contrastava fortemente com a tranquilidade de Brejões.

Em São Paulo, meu pai iniciou sua trajetória profissional e pessoal. Ele narra as dificuldades iniciais, cada uma das escolas pelas quais passou, os empregos que conseguiu e os momentos de incerteza. Mas é também aqui que ele encontra seu grande amor: minha mãe, a mulher que se tornou sua esposa e lhe deu três filhos. A história entre meus pais é um conto especial neste livro, mostrando que, mesmo em meio às adversidades, é possível encontrar a felicidade e construir uma família sólida e amorosa.

Seu empenho e dedicação, com o apoio incondicional de minha mãe, o levaram a ingressar na carreira policial, um caminho repleto de desafios, mas também de grandes realizações. Cada conquista, cada promoção e cada missão cumprida são descritas com a mesma paixão e dedicação com que ele sempre encarou sua profissão.

Para os amantes de histórias reais e inspiradoras, este livro é uma verdadeira joia. Ele oferece uma visão autêntica e sem retoques de uma vida dedicada à família, ao trabalho e à luta por justiça. A história de meu pai é uma prova de que, com coragem e determinação, é possível superar qualquer adversidade e conquistar sonhos aparentemente inatingíveis.

Além de narrar os eventos de sua vida, meu pai também faz reflexões sobre temas como desigualdade, preconceito e a luta por melhores condições de vida. Este livro não é apenas uma autobiografia, mas também um documento histórico e social. Uma leitura inspiradora e emocionante, que toca o coração e a mente do leitor.

Ao ler estas páginas, você será transportado para um mundo de emoções e experiências e poderá compreender mais profundamente a realidade de milhares de brasileiros que, como meu pai, sonham e lutam por um futuro melhor.

Prepare-se para se emocionar, se inspirar e, acima de tudo, se conectar com uma história que é, em muitos aspectos, a história de todos nós. Boa leitura!

*__Giovanna de Santana__ é filha do autor e advogada.

Prefácio

por Abrahão José Kfouri Filho*

Existem algumas expressões, já tradicionalizadas na literatura popular, que dão bem a ideia dos obstáculos, dos traumas, dos sacrifícios, dos avanços, dos retrocessos, das cicatrizes e da vitória final que marcam e emolduram uma trajetória de vida timbrada pelo desafio de um sonho.

Diz um provérbio chinês que "uma viagem de mil léguas começa com o primeiro passo", como prenúncio das imensas dificuldades que o viajante encontrará em sua andança. Poucos, ao longo da jornada, poderão repetir Paulo e dizer que "combateu o bom combate, completou a corrida e guardou a fé". Ou, como o guerreiro tupi, em "I-Juca Pirama", que desafiou sozinho seus algozes timbiras, para resguardar a honra de seu pai e as tradições de sua tribo. Ou, ainda, como o próprio autor vaticina em sua última crônica: "ter um filho, plantar uma árvore e escrever um livro".

Assim foi a saga de Francisco Solano de Santana, desde a meninice modesta, mas criativa e arteira, vivida na pequena fazenda da Serra do Teco, entranhada nas cercanias do pequeno município baiano de Brejões, até a selva de pedra desta pauliceia insensível e inóspita.

Na privilegiada memória de Franciso, tudo ia sendo observado e registrado, para, no futuro, resgatar a história de sua vida num livro de ternas e saudosas memórias.

Assim foi, desde a partida da fazenda, com a mudança, o lar provisório, o ninho, a primeira escola, os três primeiros empregos, o lar definitivo, o casamento, os filhos, o Delegado de Polícia e, finalmente — cereja do bolo — a Aldeia da Serra.

Em cada crônica, Francisco conta os episódios que mais o marcaram. Na mudança, os solavancos da interminável viagem de dois mil quilômetros num fumacento e velho ônibus, em busca do desconhecido. No lar provisório, onde foi abrigado pelo irmão Tonhão, sabe-lhe bem ainda o "bom prato" preparado pela cunhada Magnólia. No ninho, a convivência com os demais irmãos e as festinhas que organizavam. Na primeira escola, Colégio Don Pedro II, enfrentando as dificuldades das novas lições, os desafios dos colegas, tudo suavizado pelos encantos dos primeiros flertes. Do primeiro emprego, restou-lhe indelével a imagem da Gilda. Já no segundo emprego, sobressai a lembrança da Ângela. No lar definitivo (nem tanto), lembrança das enchentes do Rio Cabuçu. No casamento, o encontro, enfim da companheira ideal: Nina, "a mulher de minha vida". Nos filhos, a benção de ser pai de dois meninos e uma menina (Victor, Diego e Giovanna), todos já formados, "realizados e felizes". No emprego derradeiro, toma vulto o orgulho de tornarse Delegado de Polícia, carreira onde teve oportunidade de realizar-se pessoal e profissionalmente, gozando de elevado conceito e merecido respeito entre seus pares e junto à comunidade. Agora, como "dr. Solano", Francisco relembra, com riqueza de detalhes, fatos próprios da atividade: alguns trágicos, outros arriscados, curiosos ou mesmo pitorescos. Enfim, o lugar definitivo — Aldeia da Serra, onde, ao conhecê-lo, "repetia a mim mesmo e não dizia nada para ninguém, para não parecer piegas - um dia iria morar ali!"

E o sonho realizou-se: fora dado o último passo na viagem de mil léguas; findara-se o combate e a corrida; a fé fora guardada; o tupi recolhera à corda em sua cintura, seu vitorioso tacape; a trilogia antes apenas imaginada: filho, árvore e livro, fizera-se real!

Em sua obra, que tenho a honra de prefaciar, Francisco adota um estilo todo seu, intimista e franco, simples e objetivo, detalhista às vezes, como se estivesse escrevendo um diário ou desenhando um autorretrato, saboreando ele mesmo as gratas recordações de tantos anos de privações, dúvidas, preocupações, obstinações e inarredável compromisso com a família e seus princípios morais.

*__Abrahão José Kfouri Filho__ foi delegado geral da Polícia Civil de São Paulo e dirigiu o Detran do mesmo estado.

Introdução

Desde que me conheço por gente, as pessoas de minha família e de meu círculo social me solicitam textos para comemorarem datas importantes, como aniversários, casamentos, missas de sétimo dia, disso e daquilo.

Não me faço de rogado e traço uns rabiscos despretensiosamente, mas que acabam agradando os envolvidos.

Em razão dessas constantes escritas, aqui e acolá, pessoas me interpelavam para escrever um livro, e eu protelava porque achava que essas coisas simples serviriam apenas para atender às demandas caseiras, algo para tocar o coração de pessoas próximas, que me são caras pelos seres humanos que representam.

Assim, dada a emoção sentida, essas singelas homenagens intensificaram os pedidos para eu escrever um livro.

Então, atendendo ao pedido dessa gente querida e no anseio de cumprir a tríade de que cada indivíduo, para sentir-se realizado, deve ter um filho, plantar uma árvore e escrever um livro, lá fui eu realizar esta última missão, que, para mim, foi prazerosa como saciar a fome, a sede, além de me fazer sentir que tem um pinguinho de seres humanos iluminados, que não permitem trevas em meu caminho.

Capítulo 1

A primeira aventura

Quando eu tinha mais ou menos um ano, ainda engatinhando, fui até uma fazenda vizinha, que dista mais de um quilômetro ladeira abaixo da fazenda Serra do Teco, da minha família.

Lá, horas depois, já no final do dia, sob a luz do pôr do sol, fui encontrado, rondando uma represa grande e de profundidade abismal.

Havia animais selvagens, como a sucuri, que poderia ter feito de mim um lanchinho de carne branca e rechonchuda, por me confundir com um morotó.

Capítulo 2

Golpe de mestre

Quando eu tinha mais ou menos 7 anos, meu irmão Didi e eu estávamos rondando uma represa que existia nos fundos de casa, na nossa fazenda Serra do Teco. De repente, avistamos um pato-d'água, que estava a uns quinze metros de distância.

Um de nós dois (não lembro quem fez essa proeza) arremessou um pedaço de pau que acertou o pássaro, selvagem e arisco, que estava nadando no meio da represa, entre as plantas que se assemelhavam à vitória-régia, porém bem menores, mas que, de qualquer modo, acrescentavam algo àquela paisagem bucólica e ajudavam na camuflagem das aves, exceto naqueles momentos em que as surpreendíamos em voos rasantes até o pouso final sobre aquelas folhagens.

Depois, fomos até lá, nadando, apanhamos o pato e o entregamos à nossa mãe, que preparou um delicioso pato assado no fogão a lenha, escaldado e coberto com molho pardo, acompanhado de aipim cozido e banana-da-terra, em tiras, assada. Melhor e mais saudável que a cozinha francesa. Acredite, já estive na França e experimentei o pato com outros acompanhamentos, e não teve como comparar. Faltou o frescor, o carinho, o amor. E olha que não tivemos de pagar nada por isso.

Capítulo 3

Cacho de bananas

Quando eu era pequenino, bem miudinho mesmo, daqueles que todo mundo quer carregar, como se fosse um boneco, rechonchudo, aconteceu um fato simples, mas que representa o amor, o respeito que o Sr. Alfredo, meu pai, tinha pela natureza e, por isso — dentro de suas possibilidades e limitações —, cumpria sua parte, para preservá-la.

Esse acontecimento, que carrego em minha memória, traduziu-se num cacho de bananas, graúdo, com várias pencas, meio amareladas, amadurecendo, que meus irmãos e eu retiramos do pé e levamos para casa, deixando-o num canto, esperando o amadurecimento do fruto, que se daria em poucos dias, para consumirmos cru, cozido, assado, e que nos propiciava prazer e energia, sem sabermos quão saudável era esse alimento que a natureza nos oferecia em abundância.

Aliás, recentemente, lavrei um flagrante por tráfico de drogas em desfavor de um baiano, de Feira de Santana, que veio para São Paulo, instalou-se numa "favela" e foi cooptado pelo tráfico. Indaguei sobre o fato delituoso e sua vida familiar, social. Ele me contou, após confessar sua prática, que veio para cá para ganhar dinheiro, deixando lá, em Feira de Santana, seus pais e irmãos. Disse-lhe que lá havia de tudo, água, frango, porco, mandioca, galinha, banana, ovos, maxixe, quiabo, jiló, bata-doce, manga, goiaba ou araçá, caju, castanha, ingá, fruta-pão, amora, pinha etc., então para que vir para cá, atrás de algo ilusório, que acabou com a vida dele, para tristeza da família?

As políticas públicas deveriam ser voltadas para fixar o homem em seu lugar de origem, pois ele ali sabe explorar o que a natureza tem de bom, para não lhe faltar nada do que precisa, para ser forte, produtivo e feliz.

Em minhas andanças pelo mundo, nas cidades pequenas ou nos campos, da Europa, dos Estados Unidos, da América Latina, do mundo árabe etc., o que mais vi foi o homem com seu trator, cultivando seu pedaço de terra, produzindo o alimento, cuidando dos animais, provendo seu sustento com qualidade.

Em contrapartida, aqui no Brasil, o sonho da coisa fácil, reluzente, colorida, atrai o indivíduo para os grandes centros e o faz amontoar-se em bolsões de miséria — as conhecidas "favelas" —, abrindo um caminho sem volta, como aconteceu com esse rapaz, que acabou de completar a maioridade.

Mas retornando ao ponto de partida do acontecido, quando eu era um nenê, para nosso desespero, meu pai visualizou, naquele cacho de bananas solapado, um ninho de passarinho com dois ou três ovinhos. Para mim, que estava na tenra idade, acho que nada aconteceu, mas meus irmãos devem ter levado umas boas palmadas, daquelas que deixam vergões nas partes moles do corpo, para lembrá-los de nunca mais cometerem tal desatino.

Meu pai obrigou-nos a devolver o cacho de bananas no mesmo lugar, da forma em que estava, para não causar suspeita ao passarinho de que seu ninho fora violado.

Capítulo 4

Da pescaria

Quando era criança, lá pelos 9 anos de idade, na roça, saía de casa com uma vara de pescar, daquelas simples, feitas de bambu, com linha e anzol — não havia nem chumbada —, com um copo carregado de minhocas, bem como um estilingue produzido por mim mesmo...

À tardezinha, voltava para casa com uma vara, de mais ou menos dois metros, repleta de peixes pendurados, geralmente traíra, piaba e bagre, bem fresquinhos, ainda se debatendo, além do cinto de minhas calças prendendo os passarinhos, graúdos e coloridos, que forravam minha cintura.

Era tanta carne, que dava para minha família inteira, empregados e vizinhança mais próxima saboreá-la, assada ou cozida, à beira da fogueira. E, enquanto se fartavam, todos cantarolavam:

Solano é um bom caçador,

Solano é um bom pescador,

Ninguém pode negar!!!

Capítulo 5

Dos jogos

Ainda criança, lá pelos 9 anos, era imbatível no jogo de pião e carrapeta. Eu mesmo os fabricava com uma boa madeira, lixa e ponta de um prego.

Com os dedos polegar e médio, botava a carrapeta para rodar em cima do cimento liso do batente de minha casa, em Brejões, onde também se jogava o pião, por meio de uma linha que o enrolava por inteiro.

Depois de mais ou menos três minutos "dormindo" ... (as pessoas falavam que o pião ou a carrapeta estavam "dormindo", pois giravam em torno de si mesmos com tanta velocidade, que pareciam estar parados, dormindo, entende?), eu pegava o pião entre os dedos ou com a linha, jogava-o em minha mão direita e o fazia percorrer pelos braços, de uma para a outra mão, passando por minha nuca. Depois jogava para baixo e o amortecia no meu pé direito, onde continuava a girar até mais um pouco.

Então, lançava-o novamente em minha mão, terminando a apresentação, depois de jogá-lo da palma para as costas e vice-versa por várias vezes! E recomeçava tudo, enquanto deixava a plateia boquiaberta.

Simples, criativo, saudável e divertido, não?

Pois é, a vida, para ser feliz, depende apenas de nós mesmos.

Capítulo 6

Jogo com as castanhas

Infância saudável é aquela dedicada às brincadeiras. Isso ajuda a formar o cidadão — de corpo e mente saudáveis e de bom caráter.

Sabendo disso, quando era pequeno, lá pelos meus 10 anos, morando na fazenda Serra do Teco, vivia brincando e, uma vez ou outra, desenvolvia alguma atividade laboral para ajudar minha mãe e meus irmãos. As brincadeiras eram saudáveis, e geralmente eu buscava na natureza os recursos, uma vez que não dispunha de dinheiro.

Então, seguindo por esse tema do entretenimento, vou aqui relembrar algo que fazia com certa regularidade, porque me dava muito prazer e emoção, sem custar nada, apenas valendo-me do espírito criativo.

Vou intitular este capítulo de "jogo das castanhas", que eu, meu irmão Didi e amigos costumávamos praticar com muito entusiasmo e alegria. Funcionava assim: cada participante entrava com determinado número de castanhas, as quais eram conferidas quanto à sua qualidade, se eram brilhantes, firmes, bonitas. Os "mucuris" (castanhas verdes) eram descartados, pois eram uma incógnita. A castanha do tipo "babaço" (dois frutos gêmeos, emendados, grudados) era tida e havida como um raro troféu de exibição da natureza, ao produzir esse fenômeno, lindo de ver e que era guardado como uma preciosidade e, por isso, não era colocado no jogo, tampouco na frigideira para virar alimento, inteiro ou pisado em forma de "fufuta" (farinha da castanha, gostosa pra danar).

Pois bem, poderiam participar da disputa várias pessoas: dois, três, quatro ou mais amigos. Assim, por exemplo, se estivéssemos em 4 pessoas e cada uma entrasse com 20 castanhas de boa qualidade, tínhamos 80 castanhas, que eram caprichosamente colocadas em fileira, na horizontal. A fileira era um longo montinho de terra ou areia, fininha, um pouco alto, sobre a qual eram colocadas as castanhas, com precisão, um pouquinho distanciadas umas das outras, para não caírem de montão. Nós nos afastávamos uns dez metros, marcávamos esse ponto, do qual o jogador lançava outra castanha e, se acertasse uma das castanhas enfileiradas, ficaria com ela, causando sentimento de alegria e emoção, pois não era raro acertarmos em cheio o alvo com muita precisão, em razão de nossa prática de fazer o lançamento, jogando o fruto para longe, sem sequer desmanchar a fileira.

E a brincadeira se estendia até que o mais talentoso dos participantes ganhasse todas as castanhas e enchesse o bornal, levando consigo um monte de castanhas, que eram assadas numa frigideira de ferro, sobre uma fogueira, feita ali mesmo, na hora, e partilhadas entre todos os presentes — uma delícia que nos tomava horas de lazer pelo jogo divertido, pelo prazer, pelo sabor do alimento, natural e saudável.

Quanta diversão sem pagar nada por isso, apenas servindo-nos da natureza, como sempre generosa, que junto com a castanha, brindava-nos com cajus muito bonitos, de cores variáveis. entre o verde, o amarelo e o vermelho, enfeitando nossas árvores, saciando nossa sede e dando-nos prazer, com sabor predominantemente doce e levemente azedo, consumido em forma de suco ou em rodelas com um pouco de sal. Nada mais saboroso e natural.

Capítulo 7

Jogo do triângulo

Continuemos com o tema "brincadeira", porque na infância devemos nos dedicar a brincar. É natural que nessa fase predominem as brincadeiras, se você quiser crescer com mente e corpo saudáveis.

Atualmente, alguns pais, competitivos demais, enchem os filhos com um monte de obrigações além da escola, como aulas de inglês, reforço, esportes, campeonatos etc. Isso pode levar a criança ao estresse.

Mas como brincar no mato, sem dinheiro para ir às prateleiras dos mercados e comprar os brinquedos? Isso não é problema, o brasileiro é inventivo, criativo e sempre busca um jeito para satisfazer seus desejos e ser feliz, apesar das dificuldades impostas pela classe política, elitizada, egoísta, hipócrita.

Agora, vou falar do "jogo do triângulo", que tanto nos dava prazer, emoção, e contribuía para a nossa capacidade locomotora. Apanhávamos uma barra de ferro, de tamanho mediano — cerca de dois palmos, dobrávamos uma ponta até encostá-la na haste, formando uma espécie de arco, para servir de apoio, e afunilávamos a outra, transformando-a numa extremidade pontiaguda. Pronto, estava terminada a nossa obra de arte, tão simples e de grande utilidade, com a qual disputávamos longas competições, cuja vitória nos enchia de felicidade.

A seguir, traçávamos um desenho no chão, composto de dois riscos, paralelos, estreitos, da largura de dois dedos, tortuosos, até o final estipulado, e quem chegasse primeiro era consagrado vencedor. Na sequência, começávamos lançando o triângulo, segurando-o de cabeça para baixo, mas com uma leve pirueta, de modo que ele caísse de pé e bem fincado na terra dura, permanecendo firme, mesmo que ventasse. Em seguida, fazíamos uma risca, que ligava o ponto anterior ao seguinte, formando, cada qual, sua linha contínua até chegar ao local previamente marcado. Não era fácil. Para atirar o triângulo no meio das duas linhas, era necessário muito treino e confiança, porque, se o triângulo caísse fora da linha traçada ou deitado, o jogador não deixava o ponto em que se encontrava e ficava ali, estacionado, para trás.

Na verdade, há mais de 50 anos, jogávamos o que agora o pessoal chama de War, jogo praticado por meio de lançamento de dados, adiantando sua posição por tantas casas, conforme a pontuação, até alcançar o ponto de chegada.

Capítulo 8

Jogo com gude

Ainda tratando de brincadeiras, vamos nos lembrar, agora, de algo muito divertido, que costumeiramente praticávamos, sem que tivéssemos de desembolsar nada ou quase nada por isso. Trata-se do jogo dos "três buracos".

Em terreno seco, plano e bem limpo, fazíamos três buracos, equidistantes cerca de dois metros um do outro. Cada um dos participantes tinha suas bolinhas de gude, de tamanhos e cores variadas. Lembro-me de uma que eu tinha e dela não me desfazia por nada. Ela era grande, preta e resistente, como se fosse uma jabuticaba, bonita e reluzente, que me deixava muito orgulhoso de tê-la.

Pois bem, cada um de nós, pela ordem estabelecida pelo par ou ímpar, lançava a bolinha de gude em direção ao primeiro buraco. Uma ou outra ficava muito próxima do buraco e, para evitar que o adversário a jogasse para dentro do buraco, no lance seguinte, nós tentávamos acertá-la. Ao fazê-lo, tínhamos o direito de colocar a bolinha no círculo feito pelos nossos dedos polegar e indicador e, em seguida, bater nela com força, lançando-a para longe ou então apertá-la no círculo, fazendo com que a acastelada espatifasse a bolinha do adversário e, assim, eliminá-lo do jogo. Eu tinha uma técnica de colocar a bolinha entre os três dedos (polegar, indicador e médio), para realizar o lançamento com efeito, de modo que ela girasse e, ao colidir com a do adversário, esta fosse arremessada muito longe, enquanto a minha ficava parada, ali, girando, no local do contato, criando possibilidades reais para a minha vitória.

Era muito emocionante completar os três buracos e sagrar-se vencedor. Esse jogo era uma espécie de golfe, à moda antiga, sem custo, voltado para as crianças da roça, que moravam no mato, onde vivíamos felizes da vida.

Capítulo 9

Futebol

Naquela época, quando eu era criança, em Brejões, costumávamos caçar, pescar, andar de patinete e carrinho de rolimã, brincar de soltar pião, carrapeta, jogar bola de gude e castanhas, jogo do triângulo, andar de perna de pau, cavalgar etc., mas o que mais praticávamos era jogar bola no campo da cidade.

O campo, de tamanho oficial e com o gramado em más condições, ficava próximo da praça principal e ali passávamos as tardes e estendíamos a diversão até o anoitecer, sob a luz do luar. Jogávamos descalços e a bola era de capotão, pesada e irregular, mas estávamos tão acostumados, que não nos cansávamos de jogar até o dia terminar.

Isso porque, vendo as partidas entre cidades, aprendíamos a guardar posição, lançando a bola de um para o outro, até chegar ao gol do adversário. O curioso é que atrás da trave do primeiro gol, para quem entrava no campo, corria o rio da cidade, que passava por ali, depois, por debaixo de uma cerca, seguia adiante, passava pela casa de dona Lozinha (velha ranzinza), alcançava a ponte e rumava sorrindo para a propriedade do senhor Amozinho.

É óbvio que, a todo momento, a bola caía no meio do leito do rio, e quem a jogasse teria de se atirar nele para recuperá-la, antes de ela passar por debaixo daquela cerca, quando a dificuldade aumentava, pois o rio, em tempo de chuva, era caudaloso e de correnteza. E fazíamos isso com naturalidade, voltávamos molhados para o campo e continuávamos a jogar. A roupa secava com o calor do sol, mas de nada adiantava, porque logo era preciso pular novamente no rio e, assim, passávamos as tardes, jogando bola e nos banhando.

Sem percebermos, essas atividades de correr o tempo todo, pular e nadar davam-nos uma resistência danada, tanto que não me lembro de, algum dia, ter ficado doente, exceto quando tive caxumba ou "papeira", sarampo ou catapora, doenças das quais não podíamos nos livrar naquela época.

Voltávamos para casa, sob a luz da lua, exaustos, jantávamos e dormíamos profundamente, sonhando, recarregando as energias para um novo dia de estudo e brincadeiras, levando uma vida saudável, que repercutiria positivamente na fase adulta, porque temos de viver de acordo com os ciclos da natureza, se quisermos aproveitar a vida em sua plenitude e sermos felizes.

Capítulo 10

Da perna de pau

Lá por volta dos meus 8 anos, eu costumava fabricar pernas de pau. Era tão hábil, que costumava fazer corridas com meus amigos. Eles com as próprias pernas, de carne e osso, e eu nas minhas, de pau.

As corridas costumavam ser parelhas. Assim, eu descia e subia morros de terra fofa, que as atolava até o meio, como se estivessem em neve espessa. Também subia e descia em locais íngremes, de pedras escorregadias; em escadas, de frente e de costas; em mesas, uma após outra, pulando no chão entre elas e saía correndo.

Até hoje, quando vejo uma perna de pau, ensino essa arte às crianças. E os pais me perguntam: "Como você faz isso? Não consigo nem dar um passo!". E eu respondo: "É só questão de esforço e dedicação de querer e fazer o que bem entender".

Capítulo 11

Carrinho de rolimã

Vamos continuar nesse tema do entretenimento, quando a imaginação e a criatividade superavam a falta de dinheiro.

O fato é que éramos inquietos, para desfrutarmos a vida em sua plenitude e muitas vezes com adrenalina, resultante das corridas com patinetes e carrinhos de rolimã. Funcionavam perfeitamente, ladeira abaixo, em velocidade estonteante, provocando aqui e acolá alguns ralados, mas nada disso nos impedia de fazer dessas "máquinas" um de nossos passatempos preferidos.

Assim, depois de passarmos óleo nas rodinhas e as deixarmos lubrificadas, nós nos posicionávamos em lugares íngremes, de terra. Obviamente, nos patinetes ficávamos de pé e, nos carrinhos de rolimã, sentados. Nos patinetes, não havia freio e era o que Deus quisesse; nos carrinhos de rolimã, com os pés, manobrávamos ora para um lado, ora para o outro, para controlar a velocidade, até parar no final da ladeira, ora curta, ora longa.

Por vezes, perdíamos o controle e a queda era inevitável, rolávamos pelo chão de terra ou de cascalho, e isso provocava alguns ferimentos superficiais. Hoje, os patinetes elétricos são bem mais sofisticados, mas os daquela época tornavam a aventura muito mais vibrante, porque nos transportavam de forma mais radical, que mexia com nosso imaginário — como se estivéssemos numa pista de Fórmula 1.

Para nos divertirmos assim, não gastávamos quase nada, apenas a disposição de transformarmos pedaços de madeira, couro e bolas de ferro em brinquedos, que nos preenchiam a necessidade de aproveitar a vida intensamente. Era muito bom acordarmos e ver nossos brinquedos lá no canto da parede, produtos de nossa criação, feitos à mão, com muita criatividade.

São coisas que não existem mais. Hoje, os pais metem a mão no bolso e compram esses brinquedos prontos em lojas, sem que as crianças experimentem aquele sentimento de pertencimento, que, além da diversão, era motivo de orgulho em nossa criação.

São tempos diferentes, que não voltam mais, mas continuam vivos nas lembranças e foram importantes para o nosso desenvolvimento em todos os aspectos, como perspicácia, equilíbrio e a maneira de enfrentamento da vida para sermos felizes, o nosso modo de encarar os obstáculos que se apresentam e vencê-los com a leveza do ser.

Capítulo 12

A "veia Bem-Bem"

Desculpem-me pelo título, mas não se trata de nenhum desrespeito, apenas a forma como falávamos, na época em que eu, meus irmãos e amigos éramos crianças, quando víamos aquela senhora andando de lado na garupa de um cavalo, guiado pelo marido dela.

Ela passava, ligeira, num cavalo que marchava tão macio, que dava a impressão de que ela estava num automóvel conversível. Já era uma senhora e estava um pouco acima do peso, mas se apresentava com certa graça e desenvoltura, chamando a nossa atenção pela postura dela sobre o lombo de seu cavalo. Ela usava vestido, os cabelos presos num coque, levava consigo um guarda-sol e passava por nós como se estivesse num automóvel ou pelo menos numa carruagem, dada a prática que tinha de andar assim, desde jovem.

Não sei de onde ela adquiriu essa técnica, mas o fato é que, depois, na tela da TV, assisti a filmes que exibiam essa mesma cena, fazendo-me lembrar da "veia Bem-Bem", apelido que lhe demos com desdém, pelo fato de ela passar direto, sem parada, ignorando a todos nós, talvez por sermos crianças.

Por certo, ficávamos torcendo por sua queda e, quem sabe, ela tivesse de contar com nossa ajuda. Mas que nada, ia morro abaixo com grande desenvoltura, sem sequer mexer as cadeiras, que pareciam coladas no lombo do animal.

Até hoje, quando visualizo cena semelhante, logo solto a frase "lá vem a veia Bem-Bem", cuja figura ficou eternizada em minha memória e que faz parte da minha infância, a ponto de dedicar a ela um capítulo acerca do que víamos com regularidade, mas que era inusitado, uma vez que, naqueles tempos e por aquelas bandas, ela era a única que andava, de lado, a cavalo.

Capítulo 13

Da lagoa e das fontes

Nos fundos de nossa casa, na fazenda Serra do Teco, havia uma lagoa, de boa dimensão, e duas fontes: a do povo e a dos animais.

A primeira fonte era destinada ao consumo humano. Embora fosse turva e um pouco salobra, a água provinha de uma mina, tornando-se boa para consumo humano. E só se viam as mulheres carregando água em potes assentados em "ródias" apostas nas cabeças. A segunda fonte servia aos animais.

As três formavam uma espécie de triângulo e, quando chovia muito, dada a proximidade uma das outras e o fato de se encontrarem numa espécie de vale, elas se emendavam, formando um espelho d'água, um verdadeiro "mar", bonito de ver e ouvir os cantos dos sapos e das rãs, numa sinfonia que se pronunciava com maior intensidade no período noturno, embalando nosso sono.

Uma vez ou outra, a precipitação pluviométrica era tão forte e prolongada, que a água extravasava para além desses reservatórios e formava um rio, pelo ligeiro declive, em direção à cancela de entrada dos animais, por onde a gente percorria sobre folhas de bananeira, brincando, como se fossem pranchas sobre aquela lâmina d'água, até chegar a esse ponto, que divisava o pasto da estrada.

Dali para frente, o aguaceiro tomava o curso ladeira abaixo, numa estrada de terra, criando volume, pela junção com outra correnteza pela estrada, e erosão, tornando-se perigoso, até desaguar numa lagoa (aquela onde fui encontrado com 1 ano de vida), existente na divisa da nossa fazenda com a do senhor Prazinho.

O fato é que era muito prazeroso ver e ouvir essa maravilha da natureza, que durava por alguns dias.

Quando cessava a chuva, após uma semana, tudo voltava à normalidade, mas o campo apresentava mais vida, com plantas viçosas, flores e o canto dos pássaros, em agradecimento ao presente da natureza, dádiva de Deus.

Capítulo 14

Da fonte dos bichos

Volto a me reportar à "fonte dos bichos". Ela era rodeada de crateras, onde sapos e rãs se escondiam e se procuravam quando a noite chegava, mediante sinais sonoros, produzindo uma sinfonia de comunicação entre machos e fêmeas na busca do encontro, do acasalamento — coisas da natureza.

Na parte da frente da fonte, formava-se uma espécie de "prainha", dado o pisoteamento dos animais de maior porte, como bois, cavalos, jumentos, que ali se achegavam para matarem a sede. No entorno dessa entrada, de terra batida, formada com areia, havia pedras de vários tamanhos e formas, branquinhas, servindo de adorno para embelezamento do local e de trem de pouso para as aves, que nelas, em revoadas, se assentavam como o primeiro passo para depois pularem na "prainha" e matarem a sede.

Nós, Didi e eu, observando esse movimento dos pássaros, lambuzávamos aquelas pedras de visgo, extraído das jacas, de coloração branca, viscoso e pegajoso. Depois nos afastávamos por cerca de uns 150 metros e subíamos num pé de araçá, que estrategicamente existia depois da cerca, de proteção à nossa casa e que nos servia de ponto de observação, à espera da chegada dos pássaros. Era fatal! Daí a pouco eles vinham em bando e pousavam sobre as pedras e, por alguns instantes, ficam imóveis para darem o próximo passo, um curto pulo, em local mais apropriado para se aproximarem da água. Enquanto isso, outras aves chegavam e assentavam-se nas pedras, que serviam de ponto de chegada àquele reservatório de água. No momento seguinte, quando pretendiam pular na praia, percebiam que estavam grudadas e, quanto mais se debatiam, mais atolavam suas asas no visgo e se tornavam presas fáceis para nós, que as abatíamos com uma martelada em suas cabeças nas próprias pedras, provocando-lhes a morte, mediante traumatismo craniano.

Era fascinante e nos provocava uma euforia apanharmos, de uma só vez, tantos pássaros de variadas colorações e tamanhos. Uma vez ou outra, a ave era tão grande, que tentava fugir, meio que cambaleante, até se embrenhar num feixe de mato espinhoso, que dividia a fonte do lajedo, onde eram apanhadas com vara longa de bambu.

Não éramos malvados, simplesmente esse ritual fazia parte de nossos costumes, de nossa cultura, estava arraigado em nosso cotidiano.

Capítulo 15

Do presépio

Acho que era entre o mês de outubro e novembro, quando montávamos nosso presépio, feito com antecipação, pois era momento de euforia e felicidade.

Então, saíamos para o mato, de jegue, com dois panacuns, espécie de balaio de tamanho médio, suficiente para transportar 30 quilos de material cada um, presos à cangalha, para buscarmos a grama baixa, diferente — uma espécie de manta verde que se formava por fungos e era encontrada somente em certos lugares —, bem como pedras brancas, areia, cactos, gravatás, cabeças-de-frade.

Tínhamos lugar certo para encontrar essas coisas que a natureza nos ofertava. Era ali, saindo da fonte dos bichos, em sentido à porteira, porém, antes dela, beirando o curral, virávamos à esquerda, embrenhando-nos numa mata mais fechada, com trilha estreita, onde mal passava o animal. Ali, em meio à mata cerrada, com muito cuidado e sem demora, retirávamos a grama verde, em grandes nacos, sem que a quebrássemos, e enchíamos os panacuns de tudo que precisávamos.

Voltando para casa, as imagens dos reis magos, Santos e, óbvio, do menino Jesus, bem como as dos animais, tais com bois, ovelhas, jumentos, já estavam separadas, limpas e aguardando sua posição dentro de uma espécie de caverna, que era montada na grande sala de nossa casa.

Com maestria, minha mãe, meus irmãos e eu pegávamos uma espécie de papelão grosso e o pintávamos com tinta meio escura, extraída de mato ou fruto, tipo urucum. Moldávamos a caverna, bem grande, que ia do piso ao teto da grande sala de nossa casa sede. A seguir, com praticidade, forrávamos a base com aquela manta verde, lançávamos a areia, as pedras, o gravatá, as cabeças-de-frade e algumas coisas mais, como pequenas moitas da caatinga, flores que nascem em ambientes inóspitos, de modo que parecesse, em tamanho real, uma gruta no deserto, bem semelhante à paisagem da terra santa, onde nasceu o menino Jesus. O filho de Deus divino era colocado numa espécie de cocho ou minibalaio feito de palha de coco e assentado no centro da gruta. Ao seu lado, imagens dos três reis magos e de animais. No alto da gruta, havia uma luz, acho que vela, que acendia nos períodos noturnos como se fosse a estrela de Davi. Era uma maravilha, que nos enchia de alegria, felicidade e emoção, como se estivéssemos vivendo o ambiente onde Jesus nasceu.

Toda a vizinhança vinha ver e se admirar do nosso tradicional presépio, perante o qual nos ajoelhávamos e rezávamos a missa dominical.

O presépio durava cerca de 90 dias e em todos os anos seguintes era erguido, novamente, do mesmo jeitinho, parecendo uma réplica do anterior. E todos os familiares e colaboradores, participavam da montagem daquela obra de arte com entusiasmo, fé, respeito e alegria verdadeira, na alma e no coração, pois tínhamos a sensação de que voltávamos no tempo para vivermos aquele momento mágico, que mudou o mundo, em que Jesus salvou os pecadores e trouxe esperança para todos, sobretudo para os deficientes, os injustiçados, os humildes, as criancinhas.

Capítulo 16

Momentos de suspense

À frente de nossa casa, na fazenda Serra do Teco, passava uma autoestrada, que ligava Brejões a Corrente, ou muito além dessas cidades. A estrada era contígua ao nosso terreiro, criando ali uma espécie de bolsão, onde se instalavam, à nossa revelia, viajantes de toda ordem, a pé ou a cavalo.

De repente, durante a noite, madrugada adentro, observávamos por uma fresta da porta, a silhueta de um homem, iluminada pela luz da lua, sobre o seu cavalo, como se fosse um fantasma. Em outras, um indivíduo ficava ali, sentado, com um saco às costas, contemplando o céu estrelado, o brilho da lua, intensificado pela luz emanada dos vagalumes, e o silêncio sepulcral, interrompido apenas pelo coaxar dos sapos.

Ficávamos nas pontas dos pés, espiando aqueles estranhos, com o coração saindo pela boca, na iminência de que a qualquer momento poderiam invadir a nossa casa, ou incendiá-la e matar a todos. De repente, desapareciam, sem nada pedir, mas o fato é que tudo isso dava um ar de mistério, de assombração, que nos amedrontava, sobretudo porque havia histórias de loucos, degenerados, que carregavam em seus sacos crianças raptadas, para servir de comida, ao longo de suas jornadas.

Tudo imaginação fértil de crianças inocentes, que acreditavam em histórias do outro mundo e lhe davam contornos de filme de terror ou suspense, de arrepiar nossos cabelos, do dedão do pé ao cocuruto. De tempos em tempos, vivíamos essa espécie de peça de teatro, que aguçava nossa imaginação, e sem pagar nada por isso.

Capítulo 17

Momento de assombração

Uma vez ou outra, eu precisava ir à cidade e voltava ainda à luz do dia, no lombo do burro "sobrinho", cavalo de pelagem tordilha, de marcha macia, ligeiro e altivo, sempre com as orelhas em pé, alerta ao que acontecia ao redor, evitando-se, por exemplo, uma cobra, que se colocasse à espreita, à espera da próxima vítima, desatenta.

Numa dessas transições, acabei retardando o horário de volta e tive de passar, no trajeto, pelo pé de baraúna, que ficava no meio da estrada, de quatro léguas, que ligava Brejões à nossa fazenda Serra do Teco. Isso porque corria uma história de que era um lugar de assombrações, de almas penadas e tínhamos um medo terrível de passar por debaixo daquela árvore majestosa e bem frondosa, que projetava grande sombra na noite de luar. É que naquela época, por aqueles ares, a luminosidade da lua era tão intensa, que, à noite, costumávamos brincar de jogar agulha para longe e depois procurá-la. Então, nada mais prazeroso, do que cavalgar em noite fresca, sob o luar do sertão, ouvindo a sinfonia dos bichos de vida noturna.

Entretanto, passar por ali, debaixo daquela árvore, mal-assombrada, não era tarefa fácil, sobretudo na minha idade. Não me lembro se naquela noite estava sozinho ou com meu irmão Zezinho. Ultrapassado o obstáculo de passar por debaixo da copa daquela árvore, de tronco grosso, enraizada, projetando sombra por toda a largura da estrada, mais adiante me depararia com outro obstáculo maior ainda, que causou o maior medo de minha vida, a ponto de me deixar paralisado, gelado, tremendo como vara verde, sem saber o que fazer. O medo contagiou o meu cavalo e ele também, de orelha em paralelo, em pé, para frente, observava aquela imagem no chão e negava-se seguir adiante, e assim nos mantivemos à distância por longo tempo, observando aquele caixão atravessado no meio da estrada.

Aterrorizado, queria voltar, mais já estávamos na parte plana, de areia fina e branca, que havia antes da entrada, à esquerda, para o Escuta e, mais adiante, quando a estrada se estreitava, à direita, para o Purrão e, portanto, já próximo de chegar em casa. Para voltar e apanhar a outra estrada, passando pelas "duas irmãs", que também não era um lugar agradável de atravessar à noite, teria de retornar à cidade e subir por uma estrada, que passava defronte ao cemitério e, portanto, trajeto longo e de lugares mal-assombrados.

Passadas algumas horas, percebendo que eu não chegava, minha mãe enviou um mensageiro, que logo nos encontrou e desfez o medo, constatando que aquele perfeito caixão era a imagem de um galho de árvore, que se projetava no chão, naquela noite de luar.

Era a imaginação de quem havia ultrapassado o "pé de baraúna", símbolo da assombração, e que estava com predisposição a enxergar algo que se aproximasse das coisas do outro mundo. Coisas de criança, da inocência, das crenças do lugar, de mula sem cabeça, do saci-pererê e de tantos contos que mexem com nossa imaginação e a põe para voar.

Feliz daquele que teve uma pureza desse jeito, pois terá sempre a sensibilidade para ser simples e crédulo quanto àquilo que desconhece, pois assim se manterá, entre a realidade e o sonho, fazendo com que a vida não seja um fardo muito pesado para carregar.

Capítulo 18

A boiada

Ao adiantado da hora, ouvíamos o barulho dos chocalhos, anunciando a chegada do "cargueiro", que despontava lá em cima, onde fica o cruzeiro.

Eram três ou quatro mulas bem ajeitadas, carregadas até as tampas com produtos alimentícios e conduzidas por um homem — o cozinheiro. Era o prenúncio da chegada de mais uma boiada, com variação entre mil e cinco mil cabeças de boi. Aquilo era um acontecimento que nos enchia de alegria e curiosidades.

Ligeiros, minha mãe, meus irmãos e eu nos aproximávamos da "casa de farinha" para recepcionar o "cozinheiro", que logo tratava de descarregar os produtos — carne, feijão, toucinho, farinha, temperos etc. Num instante ele cortava todas as carnes e, misturando-as com o feijão, botava tudo para cozinhar em grandes tachos, pendurados em hastes de ferro suspensas, acima do fogo a lenha. Três horas depois, lá pelas 16 horas, o feijão se desmanchava e tornava-se a feijoada mais suculenta e gostosa que já havíamos experimentado.

Daí a pouco, despontava aquele mundaréu de bois e vacas, andando em bloco, ladeados de vaqueiros em seus cavalos paramentados, que conduziam o rebanho, que parecia treinado, para dentro das nossas pastagens, de mato verde e água farta. Em seguida, arriavam a tropa e descansavam sobre redes, enquanto a comida era servida, depois de um bom trago e álcool ou gasolina para aliviar a dor e o cansaço dos pés, espremidos em botas por mais de doze horas de lida, de um pouso a outro num percurso de 30 quilômetros.

A nossa fazenda ficava em ponto estratégico, o que possibilitava que todas as boiadas ali pernoitassem, sob o comando de quem chamávamos de "encarregado", geralmente conhecido como senhor "Lu", em razão de sua passagem por várias vezes. Ele, o encarregado, sempre trazia um mimo nos alforjes para nos presentear, geralmente, um pedaço de queijo, de marmelo, que para nós era novidade. Depois, enquanto se balançava na rede, antes de dormir, contava algum "causo" de suas passagens pelas longas estradas da vida.

Dormíamos cedo e, antes que botássemos os pés no chão, lá estavam todos os cavalos selados e alinhados numa longa fileira, que dava gosto de ver. Ao recolher os animais no pasto, posicionava-se sobre a porteira o "contador", que, como o nome diz, contava os bois, demonstrando grande concentração, pois os bichos corriam aos montes e ligeiros, por aquela passagem estreita. Ao final, se o contador asseverasse que faltava uma cabeça, o encarregado elegia um vaqueiro para encontrar o boi rebelde e reconduzi-lo ao rebanho, que já se fora, ao som do berrante tocado pelo guia, que ia à frente, determinando o rumo e o ritmo dos animais.

Ao sair, bem antes, na madrugada, o cozinheiro deixava a sobra da feijoada, que no dia seguinte se apresentava mais suculenta ainda e nós nos fartávamos com farinha fina e branca, feita em nossa casa de farinha.

Era um espetáculo e tanto esse acontecimento, que se apresentava, em média, uma vez por semana. Um acontecimento que não volta mais, ficará para sempre em nossas mentes, trazendo doces recordações de um tempo mágico e feliz, pelo qual nada tínhamos de pagar, pelo contrário, rendia um bom ganho para nossa mãe custear as despesas da fazenda.

Capítulo 19

Boi “ervado”

Quando eu era criança, na fazenda Serra do Teco, costumava, como se dizia: "acordar com os galos e dormir com as galinhas". Então, tinha um longo dia pela frente, de brincadeiras, caça, pesca, correndo, subindo e descendo de árvores, gastando muita energia. Por conseguinte, costumava comer muito de tudo, para recarregar as forças do corpo.

Vez ou outra, em minhas caminhadas, encontrava um boi morto, por picada de cobra ou por ter ingerido erva daninha. Nesse último caso, falava-se boi "ervado", o que significava dizer que o animal tinha morrido envenenado, comendo alguma erva que lhe fizera mal. De imediato, anunciava o ocorrido à minha família e logo o acontecimento se espalhava pelas redondezas.

Apareciam pessoas de todos os lados, que, devidamente autorizadas por minha mãe, esquartejavam o bicho e o repartiam entre os empregados da fazenda. Eu e minha família, no entanto, não comíamos essa carne, pelo receio de que pudesse estar contaminada e, assim, fizesse mal à nossa saúde. Entre as pessoas que levavam para casa uma boa parte do boi, uma era a dona Zefa, que está lá até hoje, do alto de seus cento e poucos anos, vivinha da silva.

Se não fosse esse receio, eu poderia muito bem, junto com minha família, ter feito bons churrascos com as partes nobres do animal que havia perecido, mas estava em condições saudáveis. De qualquer forma, a alegria das pessoas pela fartura de carne fresca, em suas casas, guardou-me essa passagem que vivi por aquelas pastagens.

Capítulo 20

O estouro da boiada

Era raro ocorrer o estouro da boiada. Ainda bem, pois, quando acontecia, isso nos dava a sensação de que o mundo ia acabar, dado o barulho, o estrondo e o rastro de destruição que deixava pelo caminho.

Não sabíamos as causas do começo e do término desse estouro. E isso nos intrigava, porque o gado, do nada, disparava em determinada direção e, mais adiante, depois de muito estrago, da mesma forma estancava, como a água numa barragem. Acredito que o líder dos animais se assustava por um motivo qualquer, saía correndo e logo era acompanhado pelos demais, até que toda a boiada estivesse em disparada, levando tudo pela frente, impiedosamente, até que, em certo momento, aquele líder, por alguma razão, resolvia parar, estancando a marcha dos demais, que em torno dele formavam uma grande manada.

Era um fenômeno para nós, e mais assustador quando estávamos no caminho deles e ouvíamos o estrondo do gado vindo em nossa direção. Tínhamos de correr rumo à árvore de tronco mais grosso, para nela subir e espiar o que se passava sob os nossos pés, para nos salvar da morte por esmagamento, à semelhança das cenas de filmes de bichos pré-históricos, como os dinossauros.

O estouro de boiada não tinha hora para começar. Às vezes, ocorria durante a madrugada e, da cama, ouvíamos o estrondo. E saíamos para ver o mato abaixar como se fosse uma avalanche d'água, derrubando a mata e levantando poeira, sem tempo e lugar para acabar. Quando o gado sossegava, era um alívio para todos nós, exceto pelo fato de ter de recompor os estragos feitos, sobretudo se à frente houvesse alguma plantação, que precisaria ser reparada.

São fenômenos da natureza com os quais temos de aprender a conviver, como chuvas intensas, estiagem prolongada e estrondo da boiada. Tudo era imprevisível e, talvez por isso, mais palpitante e difícil de esquecer.

Capítulo 21

Hora da ordenha

Todos os dias, pela manhã, antes mesmo do nascer do sol, ainda sob a luz do luar, nossa mãe e eu descíamos para o curral. Lá, a vaca "pé duro", de úbere entumecido, nos esperava pacientemente.

Nossa mãe sacava o lenço da cabeça, apeava o bicho pelas pernas, sentava-se num banco improvisado de madeira e começava a tirar o leite, que jorrava no balde com força, provocando um barulho que interrompia o silêncio do lugar. Logo enchia o recipiente com um leite branco, grosso, espumante como a água do mar. Era quente, que até esfumaçava. Eu não resistia e ali mesmo já tomava os primeiros goles, que me aqueciam o estômago e formavam um bigode de leite. Nossa mãe tirava cerca de seis litros e deixava outro tanto no úbere da vaca para saciar seu bezerro, até então apartado, para que ele se fartasse.

Voltávamos para nossa casa, distante cerca de 300 metros do curral, sob o brilho do sol, que já despontava no horizonte, anunciando mais um dia escaldante. Em casa, nossa mãe colocava o leite numa grande panela e o botava para ferver em fogão a lenha. Quando o leite estava prestes a transbordar, ela adicionava farinha de tapioca, formando um escaldado, gostoso demais e nutritivo, que nos deixava cheios de energia, como cabritos a pular.

Prontos, esperávamos as ordens, sentados no solte, depois da cozinha, com vistas para o terreiro, onde os pássaros coalhavam o chão e entoavam cantos, anunciando um novo dia da vida boa do sertão.

Capítulo 22

Mata porco

Quando eu era criança, lá pelos meus 8 anos, na fazenda Serra do Teco, a data marcada para matar um porco, que geralmente ocorria aos sábados, era um dia especial. Por isso, guardo essas ocasiões na memória.

Esse acontecimento, que se dava uma vez a cada mês, causava em nós, pelo menos em mim, uma mistura de consternação e euforia, pois tudo saía da normalidade. Começando pelo fato de que se abatia o animal nas primeiras horas do dia, então tínhamos de acordar muito cedo, ainda sem a luz do sol. Depois, pelos gritos estridentes do animal, por um tempo um tanto prolongado, o que me causava agonia.

Eu me sentia aliviado somente quando era chamado, junto com meus irmãos, para retirar os pelos do animal abatido, e fazíamos isso com cacos de telha, até a pele ficar branca como se fosse um coco sem a casca de fora e de dentro, parecendo um morotó esticado. Antes disso, abríamos o animal, alguns pequenos, outros enormes, para dele retirar as estranhas e, particularmente, a bexiga, a qual enchíamos de ar e a transformávamos numa bola, para nossa diversão pelos próximos dias, até ela estourar, quando era substituída.

De resto, era esquartejar o animal, em quantas partes ele fosse dividido, e pendurávamos os pedaços em local previamente eleito, protegido dos predadores e sob a luz do sol, para o sangue ser escoado. Depois, salgávamos a carne e a colocávamos no braseiro, com lenha boa e seca, em um espeto de madeira atravessado a certa altura, para ser assada sem demora ou, então, levada à panela para ser cozida, em fogo brando. De um jeito ou de outro, era saborosa a carne fresca de um animal sadio — criado à base de lavagem, feita de abóbora, verduras, legumes, num cercado que havia ao lado do galinheiro, no quintal de nossa casa.

Então, era um dia de festa, de alegria. No entanto, o que mais guardei em minha memória foram os gritos do animal. Também pudera, ele era morto por meio da estocada de uma faca no peito, próximo a uma de suas patas dianteiras, no local denominado "mata porco". Pior que essa sensação só o abate de carneiro. Mas isso é tema para outra história.

Capítulo 23

Festa junina

No terreiro de nossa casa, na fazenda Serra do Teco, depois de dois ou três dias de trabalho, a fogueira bem alta, em formato de triângulo, estava pronta para ser acesa e iluminar todo o arredor, e ser vista de longe, uma vez que estávamos localizados em planície elevada do lugar, de onde também víamos outras fogueiras, anunciando que era dia de São João.

Aqueles sinais de luz que se viam em todas as direções eram uma espécie de anúncio de que ali também se estava em festa e eram um convite para você ir até lá. E, por serem distantes, montávamos em nossos cavalos e rumávamos para as casas dos vizinhos, onde nos deliciávamos com as iguarias da época, generosamente servidas, nos esquentávamos na fogueira, para espantar o frio, e nos dirigíamos para outro lugar, até completarmos o círculo das redondezas e voltarmos para a casa a tempo de recepcionarmos nossos visitantes.

Naquela época, em meados da década de 1960, quando eu tinha uns 9 anos, ganhávamos roupas novas — camisa e calças com suspensório, feitas em tecido de cor azul. O *kit* era completado com um calçado. Tomávamos banho, penteávamos os cabelos e ficávamos bem bonitos para aquele dia especial. Cada um de nós ganhava uma caixa de traque (pequenas bombinhas) e outros artefatos para lançar luz e brilho no ar.

O pau de sebo era posto ao lado da fogueira e havia premiação para quem subisse até o topo e tocasse no alvo, que podia ser um chocalho do qual se escutava o barulho quando o caboclo chegava até lá, pois de tão alto, à noite, mal se via o final da madeira roliça e escorregadia como um quiabo. Havia duas bases, a primeira, mais abaixo, era repleta de doces, para aqueles que os alcançassem e arrancassem; na segunda, mais acima, no topo do pau de uns 6 metros de altura, havia um prêmio em dinheiro, que entusiasmava todos a chegar até lá, mas somente um ou outro, dotado de muita técnica e força, conseguia esse intento e era ovacionado como um verdadeiro atleta, digno de admirar. Do outro lado da fogueira, fincávamos um pé de laranja inteiro, cheio de frutos, que transportávamos do nosso laranjal, dando um contraste bonito de ver pelo brilho do fruto fresco, iluminado pela luz do fogo.

Lá dentro de casa, na sala, havia uma mesa enorme, repleta de milho assado, bolos, canjica, munguzá, curau, bebida à base de jenipapo, gengibre e mel, gostosa para danar e que aquecia o corpo daquele frio de arrepiar. As portas estavam sempre escancaradas para quem quisesse entrar e saborear essas guloseimas feitas com muito carinho e amor.

Era mágico, alegre e festivo tudo isso, que custava tão pouco, mas que enchia nossos corações de entusiasmo e felicidade.

A festa junina era e continua sendo especial para o baiano e todo o Nordeste, tornando-se uma cultura genuinamente brasileira e mantendo a unicidade e a identidade de um povo. Graças a esse costume, essa festa tornou-se uma tradição no Brasil inteiro, que a comemora em todos os lugares, da roça, como antigamente, aos grandes centros, que, com muito esforço, tentam fazer uma réplica à moda caipira. Assim, com entusiasmo, nas escolas, ou em qualquer lugar, você vê as crianças e os adultos caracterizados de caipira, dançando a quadrilha, ensaiando o casamento forçado pelo cabo da espingarda apontado para o noivo, que "fez mal" à filha do dono do lugar.

O homem precisa desses momentos de descontração, de fantasia, para enfrentar a rudeza do dia a dia. É muito bom, uma vez ou outra, sermos tomados por essa ingenuidade, para fazermos frente à maldade e equilibrarmos as forças do bem e do mal.

Viva São João e São Pedro!!! Viva a alegria do povo brasileiro!!!

Capítulo 24

A travessia

Lá pelos meus 9 ou 10 anos, lembro-me que fui a cavalo, na companhia de meu irmão Didi e, vagamente, de outra pessoa, um empregado, até a casa da nossa irmã de criação, conhecida por Dete, que, na época, morava na caatinga, em local bem isolado e distante de nossa fazenda Serra do Teco. Justamente porque era distante, planejamos pernoitar lá e voltar no outro dia.

Pois bem, saímos cedo de casa e já no final do dia nos deparamos com um ribeirão, com água cristalina e rasa, que mal cobria as pedras brancas existentes em seu leito, formando uma paisagem tão linda de admirar, que amarramos nossos animais na margem e ficamos ali nos banhando e curtindo aquele visual e o canto dos pássaros, que se movimentavam em busca de seus lugares para pernoitarem. De repente, despontou lá adiante, a cerca de 1 quilômetro, onde o rio fazia curva, uma avalanche d'água, volumosa, carregando tudo que estava pelas margens e produzindo um barulho assustador. Corremos com nossos cavalos para um lugar a salvo. Como estávamos do lado oposto ao nosso destino, calculamos, depois de analisar a situação, que daria para passar pela água, visto que nossos animais eram fortes e estavam acostumados a nadar.

Contudo, não fazíamos ideia da correnteza que se formou naquele ribeirão, tanto que entramos num lugar, montados em nossos cavalos, e fomos arrastados por uns 500 metros abaixo do local estimado. Saímos pela margem recoberta de mato denso, o que dificultou, sobremaneira, a volta para a trilha que nos levaria à casa da minha irmã, aonde chegamos na boca da noite, sob o brilho do luar e a luz do candeeiro, bem molhados e trêmulos — não sei se pela água fria ou pelo medo sentido diante da força da natureza. Devíamos voltar no outro dia, mas ficamos represados, aguardando a água baixar, o que se estendeu de um sábado a outro, deixando nossa mãe preocupada, porque naquela época não havia meios de comunicação.

De lá para cá, nunca mais me coloco em meio ao leito de um rio, mesmo seco, porque não podemos duvidar das vicissitudes da natureza. A chuva pode começar lá na cabeceira do rio, longe de você, e, de repente, formar um volume d'água que corre pelo leito com tanta velocidade e força, que esse fenômeno da natureza, inesperadamente, pode levar sua vida.

Coisas da natureza, bela, essencial e implacável com a vida e com a morte.

Capítulo 25

TV

Acredito que estávamos no ano de 1967, e eu tinha 10 anos, já na cidade de Brejões, quando surgiu o fenômeno da televisão no Brasil. E Dr. Newton, o único médico da cidade, adquiriu um dos exemplares dela.

Dr. Newton, que era surdo ou tinha algum déficit auditivo (desculpe-me se estiver enganado), atendia os pacientes em sua clínica, localizada do lado direito da subida rumo à igreja da praça principal da cidade, onde, aos sábados, era realizada uma grande feira, com ocupação de toda a praça. Do lado oposto à clínica, ficava o mercado municipal, e, em ambos os lados da rua, havia agências bancárias.

Embora fosse uma clínica de pequena estrutura, Dr. Newton fazia o que estava ao seu alcance pelos pacientes. Quando isso não era suficiente, o doente tinha de ser levado para outro lugar com mais recursos, sendo Amargosa o primeiro deles e, depois, Feira de Santana ou Salvador, distantes cerca de 40, 100 e 200 quilômetros, respectivamente. Então, dentro de suas possibilidades, Dr. Newton fazia pequenas cirurgias, realizava suturas, auxiliava as parturientes nos partos mais complicados (a maioria das mulheres tinha seus filhos em casa com a ajuda de parteiras), verificava pressão e batimento cardíaco, emitia diagnóstico, expedia receita, medicava etc.

Dr. Newton tinha uma filha, chamada Margarete, menina branquinha, esguia, magra e com cabelos fartos, uma "moleca", que brincava com a gente, jogando bola, de esconde-esconde, cadê meu anel (dessa brincadeira participavam as filhas do senhor Pedro e dona Hilda, casal de amigos e de grande prestígio da sociedade local). No final do dia, à boca da noite, todos nós tomávamos banho, trocávamos de roupa e, de chinelos de dedo, chegávamos à casa do Dr. Newton para assistir a uma série ou novela, cujo nome não me lembro. A casa do Dr. Newton era vistosa, com paredes brancas e portas e janelas verdes. Ela ficava logo no início da nossa rua, para quem saía do centro e entrava na parte da rua de terra batida, depois de passar a ponte sobre o rio da nossa cidade de Brejões, que variava de caudaloso e piscoso a um filete d'água, com raros peixes, conforme o volume de chuvas que os céus mandassem.

Ali, naquela casa, acontecia a revolução do século — existia um aparelho de televisão, que nos encantava com a exibição de uma novela, se não me falha a memória, *O Morro dos ventos uivantes*, e de outras como *Vitória Bonelli*, *Eu e a moto*, *Sangue do meu sangue*, *O direito de nascer*, além das séries *Daktari* (sobre um leão na selva) e *Roy Rogers* (sobre um *cowboy* muito ágil, com seu cavalo veloz). Esses folhetins se estenderam no tempo, tanto que voltei a assisti-los, quando estava em São Paulo. A programação, desculpe-me eventual ato falho, iniciava-se às 18 horas e terminava às 19 horas. Nesse período, todos nós ficávamos sentados no chão em silêncio e boquiabertos com aquela nova invenção, que trazia tanta arte para nossa diversão.

Terminado o espetáculo, deixávamos a casa do Dr. Newton, homem de estatura baixa, meio obeso, um pouco atarracado e sistemático — não sei por que tolerava a nossa presença em sua casa, talvez pela satisfação de nos propiciar um espetáculo e tanto, que nos alegrava a alma e o coração. Além disso, Margarete, a filha dele, um tanto "espoleta", tinha, acredito, certa influência sobre o pai e facilitava nossa matinê, curtida diariamente, em plena década de 1960, sem pagar nada por isso. Não me lembro se durante a sessão havia um biscoito ou um sorvete, mas isso também seria exigir demais de alguém que não nos era muito próximo, exceto pela filha, único meio de ligação. O fato é que esse momento mágico completava nosso dia, antes de adormecermos com o corpo cansado pelas brincadeiras e a cabeça cheia de fantasias.

Então, Dr. Newton e Margarete, onde quer que estejam, obrigado por terem nos proporcionado esses momentos de felicidade e que permanecem em nossa memória, no canto da saudade.

Capítulo 26

Ritual fúnebre na roça

Quando eu era criança, lá na fazenda Serra do Teco, com certa raridade — ainda bem —, deparava-me com um ritual, que me marcou demais, a ponto de carregá-lo como uma imagem viva em minha memória. Estou me referindo à forma de transportar os defuntos, da roça até o cemitério, localizado na zona perimetral urbana de Brejões.

O cemitério de Brejões situa-se no local mais alto da cidade, e talvez por isso tenha sido escolhido para que ali pudessem descansar e olhar por nós as boas almas de nossos familiares e amigos, a exemplo do Sr. Alfredo, meu pai, cujo túmulo desconhecemos, mas que está ali sepultado. E, conforme algumas pessoas nos contam, alguém, por equívoco, ao abrir a sepultura dele, deparou-se com ele do mesmo jeito em que fora enterrado, como se estivesse dormindo — e que permaneça assim, olhando por nós, em nossa caminhada, que muitas vezes é espinhosa, afinal nem tudo são flores. Esse, no entanto, é o sentido da vida, de altos e baixos, para que sintamos emoções e sejamos encorajados a seguir em frente, fazendo nossa parte para a construção de um tecido social mais saudável, apesar das dificuldades.

Retornando àquele ritual, era incrível como tudo acontecia. Como o cemitério ficava longe e o defunto, por vezes, era pesado, o revezamento entre as pessoas que carregavam o caixão era feito com este no ar e, antes que viesse ao chão, outra pessoa pegava a alça e o levantava, rapidamente, num frenesi, que era difícil de acompanhar e, bem por isso, elegiam-se pessoas mais jovens para a consecução dessa tarefa.

Enquanto o corpo era carregado, nesse sobe e desce e de um lado para o outro, os carregadores, que estavam com a mão na alça, e os outros, que se postavam ao seu lado para substituí-los, tão logo algum deles soltasse a alça, cantarolavam cânticos bíblicos e de despedida, em homenagem ao defunto, que, nesse momento, devia estar lá dentro meio bagunçado, com cabelos arrepiados e a mortalha amarrotada, como se fosse uma *pizza* carregada por *motoboy* em São Paulo. Ao final da empreitada, todos estavam exaustos, molhados de suor e com a alma lavada pelo dever cumprido. Feita a despedida do falecido, tomavam um trago e voltavam para casa, recordando dos feitos daquele que se fora e que havia deixado saudades.

Não era um ritual muito triste, parecia uma cerimônia de despedida, como se a pessoa tivesse partido para um lugar onde todos haverão de se encontrar. E não será assim mesmo?

Então, a sabedoria popular, em sua ingenuidade, dava demonstração do que significa essa passagem. Por isso, na partida, na despedida, não se sentia a "dor doída", mas a dor da saudade, exceto na despedida de um Anjo, mas disso tratarei em outra oportunidade.

Capítulo 27

Merisse, que meiguice

Lá pelos meus 11 anos, já vivendo em Brejões, uma vez ou outra me deparava com uma imagem que, acredito, deve ter sido também o prenúncio de inspiração para Vinicius de Moraes escrever a música "Garota de Ipanema", que fez tanto sucesso no Brasil e no mundo.

Eu morava numa rua, cujo nome não me lembro, onde havia uma bifurcação. À direita, para quem deixava o centro, havia uma leve subida e mais adiante morava e mora a família do senhor Pedro e dona Hilda. À esquerda, passava-se pela casa da família do senhor Bispo e dona Nair, que tinham duas filhas e um filho, de nome Kita, nosso amigo, que depois se tornou administrador de uma empresa estrangeira, exploradora de café, moderna, localizada próximo ao km 100. E a estrada seguia adiante, rumo à fazenda Serra do Teco.

Pois bem, por aqueles lados, perto da nossa fazenda Serra do Teco, mais precisamente na região do Purrão, morava uma garota de prenome Merisse, que, uma vez ou outra, ia à cidade e, toda cheia de graça e formosa, com vestido florido ou de renda, passava ao largo, por aquela segunda rua, defronte da minha casa. À distância, era possível apreciar suas curvas e seu andar gracioso, bem como seus cabelos castanhos a tocar-lhe os ombros eretos, apresentando-se uma *lady* estilosa e de jeito muito refinado. Contudo, não podíamos observar seus olhos, porque ela, sabedora dos dotes que carregava, muito possivelmente percebia que eu, meu irmão e amigos a admirávamos e, ao passar cheia de graça, tinha o olhar para frente, por onde pisava com seus pés de princesa, e para o alto, com seu olhar mágico, talvez em agradecimento a Deus por ter lhe concedido tantos predicados. E nós ficávamos ali, meio paralisados, acompanhando o caminhar daquela jovem, até ela desaparecer na ligeira descida, que antecedia a casa do nosso amigo Kita.

Alguém aí saberia dizer se a Merisse foi enfeitiçada por alguém ou permaneceu assim, como um anjo, apenas desejada, sem jamais ser tocada, exceto pela suave brisa que lhe acariciava os cabelos, deixando à mostra a face rosada, emoldurada por olhos negros ou do azul do céu, de mel ou do verde do mar, que poderiam nos enfeitiçar ou cegar de tanto brilho, em contraponto à luz do sol ou do luar?

Aqui, sou obrigado a fazer citação do escritor Luís Vaz de Camões, que escreveu mais ou menos assim: "Chove nela graça tanta, Que dá graça à formosura".[1]

1 Trecho do poema **Descalça vai para a fonte**. Disponível em: https://bit.ly/3RIrEPN .

Capítulo 28

A briga do século

Certa vez, estava no passeio da minha casa, em Brejões, quando avistei, ao largo, pela estrada, um homem, todo ensanguentado, cambaleando, a caminho da cidade, à procura dos préstimos do Dr. Newton, único médico da cidade.

Em seguida, se não me falha a memória, passou outro, do mesmo jeito de zumbi, com profundos cortes em todas as partes do corpo, rastejando, em busca de socorro médico. Contudo, não tenho certeza se o segundo contendor pereceu no próprio palco do enfrentamento animalesco, fazendo cessar a luta.

Depois, fiquei sabendo que os dois, sozinhos, em lugar deserto, no meio do nada, muito provavelmente lá pelos lados do Laça-venha ou do Amozinho, por um motivo qualquer, se desentenderam e partiram para o entrevero, mediante golpes de facão.

Naqueles tempos, e na verdade até hoje, os homens da roça costumam carregar um facão de lâmina bem comprida e afiada, na bainha e preso à cintura, com a finalidade de abrir caminho pelo mato, cortar um cacho de banana, cortar um fumo para fazer cigarro ou como defesa pessoal, caso fossem atacados por algum animal.

Naquele dia, porém, não! O ataque aconteceu de um caboclo, um matuto, um roceiro com outro, que, por sua vez, revidou, iniciando uma luta, que, por não ter interventor, durou horas. Os golpes, de lado a lado, eram certeiros, atingindo a cabeça, o pescoço, os membros superiores e inferiores, o abdome e toda parte do corpo, provocando cortes profundos e perda de sangue cada vez maior, até as forças se esvaírem e provocar-lhes o desmaio. Num rompante, recobraram os sentidos, mas, sem forças para erguer o facão, deixaram de se golpear e, aproveitando o restinho de forças que tinham, rumaram, a pé, para a cidade.

Dr. Newton, com os parcos recursos disponíveis, remendou os dois homens ou só um deles, à semelhança do Frankenstein, todo costurado, como se fosse o produto de partes de outros corpos.

Não me lembro se sobreviveram a esse embate medieval, nem o nome do adversário do outro, conhecido por "Dego". Alguém poderia complementar os dados que faltam em minha lembrança dessa luta sangrenta, bem como a motivação e se houve sobrevivente?

O fato é que a luta foi brutal, de bravura ou ignorância, sem vencido ou vencedor, deixando marcas nos corpos e na alma daqueles valentões, não se sabendo se foi motivada por orgulho ferido ou por tragos de cachaça. Mas com certeza esse acerto de contas representa bem como eram resolvidas as diferenças por aqueles lados de Brejões.

Capítulo 29

A leoa

Quando eu tinha meus 11 anos, aos sábados, pela manhã, lá por volta das 9 horas, pelas frestas da janela da sala da nossa casa, em Brejões, onde morávamos eu e meus irmãos, Maria dos Anjos e Zezinho, assim que acordávamos, costumávamos visualizar nossa mãe passar ao largo, pela estrada defronte, puxando duas mulas arriadas, que carregavam mercadorias diversas, como farinha de mandioca, café e outros gêneros alimentícios que vicejavam no fértil solo da nossa fazenda Serra do Teco.

Ela, em passos firmes e olhos fixados à frente, caminhava em direção à cidade, sem nem mesmo olhar para nossa casa, talvez para não nos incomodar ou criar constrangimento pelo fato de continuarmos ali, na cômoda situação de vivermos em uma casa de bom tamanho, com piso, luz elétrica, chuveiro, fogão, vaso sanitário, boas camas com lençóis, cobertores e travesseiros, sem nada termos contribuído para desfrutar de um lar de bom padrão para a época.

Nossa mãe, acompanhada de um agregado, rumava para a maior praça da cidade, onde todos se reuniam numa grande feira, para negociar de tudo. Lá, nossa mãe vendia as mercadorias colhidas na roça e adquiria outras, como carne-seca, toucinho, óleo e outros produtos que a terra não oferecia, para complementar o alimento servido nas refeições do dia a dia da semana que se iniciava, garantindo a subsistência dela e do pessoal que a auxiliava em sua labuta diária, bem como da nossa, que vivíamos ali na cidade, de forma mansa e sossegada, apenas estudando para garantir nosso futuro e não passar pelos sacrifícios da lavoura, e também no enfrentamento com os donos de terras vizinhas, que queriam tirar proveito de uma senhora viúva, que morava sozinha, na casa grande.

Após a prática de uma espécie de "escambo", ao retornar com os animais carregados, nossa mãe dava uma ligeira passada na nossa casa, para repartir o alimento, deixando ali metade de tudo que havia adquirido com muito trabalho e suor, e partia em seguida, para percorrer as quatro ou seis léguas de volta, de subidas e descidas, em solo irregular, em decorrência das erosões provocadas pelas chuvas. Antes, porém, despedia-se de nós com um beijo e o aconselhamento de que nos concentrássemos nos estudos e nos portássemos de modo que dignificasse o nome da família da dona Maria e do senhor Alfredo, que gozava de grande prestígio em todos os extratos da sociedade local.

Em meu subconsciente, eu a via como uma leoa, que defendia seus filhos de todos os males, para que não fossem atingidos na carne, na alma e no espírito, e pudessem crescer de forma saudável e esperançosos por dias melhores. Enquanto isso, lá na roça, ela continuava explorando a terra para prover nosso sustento e enfrentar outras feras, machos, ferozes e prontos para invadirem seu território. Ela, no entanto, do nascer ao pôr do sol, rugia e mandava recados de que ali vivia uma leoa disposta a tudo para defender sua ninhada.

E assim o fez até quando estávamos prontos para partir para outro território, em busca de novos horizontes, como fizemos, sendo ela a última a partir, depois de garantir estabilidade à sua prole na nova terra, distante e bem diferente daquela em que viveu boa parte de sua existência, sem descuidar de continuar garantindo e protegendo seus filhos até os últimos dias de sua vida rica e exemplar, para ser contada e guardada na memória e em nossos corações. A leoa cumpriu seu papel em demasia e deixou um legado para sempre, permitindo-nos a subsistência e a continuidade do bom nome da família.

Em terra distante, minha mãe ainda continuava cuidando de sua ninhada, tratando de reunir todos numa só casa, adquirida com a venda da fazenda, até que um dia pereceu e tratamos de fazer seu funeral com todas as honras, passando a ocupar uma sepultura no cemitério da região central de São Paulo, cujo zelo é feito pelo revezamento de seus filhotes, que, invariavelmente, plantam uma flor, dedicam-lhe uma oração e sentem os bons fluídos de uma guerreira, que de algum lugar continua a nos proteger, porque uma leoa nunca desiste de sua ninhada.

Capítulo 30

O cruzeiro

Aos domingos e sobretudo em datas santas, como Sexta-feira da Paixão e Natal, entre outras do calendário católico brasileiro, meu pai reunia as famílias dos arredores da nossa casa na fazenda Serra do Teco.

Ali, homens, mulheres e crianças seguiam em procissão rumo ao "Cruzeiro", onde rezavam a missa aos seus pés. O "Cruzeiro" era o nome dado a uma cruz, de bom tamanho, feita de madeira de lei, que é tão resistente que até hoje está lá, suportando as intempéries do tempo e o as ações do homem, que não se atreve a eliminar o símbolo de fé instituído e cultuado pelo Sr. Alfredo, nosso pai, e por todas as pessoas que comungavam do mesmo espírito cristão.

Nosso pai, tocado por Deus, num momento de inspiração, teve a ideia de construir esse marco de religiosidade na parte mais elevada e plana, servindo como portal de entrada da nossa fazenda Serra do Teco. Todos, quando passavam diante do "Cruzeiro", paravam e se benziam com o "sinal da cruz", em respeito e homenagem ao nosso criador e conscientes de que estavam entrando em um lugar de gente de bem, de fé, de temor a Deus, e chegavam até nossa casa com a alma lavada pela bênção sentida.

Fortalecida a alma, voltávamos para casa, felizes, entoando cânticos em louvor ao nosso criador, pelas bênçãos recebidas e pelo presente da natureza, traduzido pelo sol, pela brisa, pela mata, pela água, pelos animais, enfim por tudo aquilo de que precisávamos para viver com felicidade, sem muito custo para isso, apenas o suor do trabalho e o respeito pela preservação de todas essas dádivas de nosso Criador.

Com a alma revigorada, era hora de cuidar do corpo com deliciosos pratos, que desde a manhã eram preparados em fogo brando de fogão a lenha. O alimento, fosse galinhada, cozido, peixe, porco ou carneiro, feito com carinho e amor, era servido, com fartura, a toda aquela gente que gravitava em torno do Sr. Alfredo, símbolo maior da nossa fé ao Pai e ao Filho, que veio ao mundo para nos salvar.

Eu, então com um ano de vida, aninhava-me no colo da minha mãe e acompanhava tudo com curiosidade e, aos poucos, fortalecia o espírito e a alma para nunca perder as esperanças de viver com dignidade, aonde quer que o destino me levasse.

Retornando lá, meio século depois, deparei-me com os destroços da nossa casa, mas o "Cruzeiro" estava intocável, ainda que cercado por terra e com o mato a encobrir-lhe a base, deixando, contudo, à vista a cruz, um marco de fé para a eternidade.

Capítulo 31

A ponte submersa

Nas idas e vindas da Serra do Teco para Brejões ou, se preferir, da cidade para a roça, no lombo do cavalo, passava por um grande vale, cortado, ao centro, por um rio, sobre o qual havia uma ponte de cimento, estreita, na qual mal passava um carro.

Ali, naquele ponto, nas terras do Sr. Prazinho, normalmente o rio era mais caudaloso, fundo e a correnteza era mais forte. Mais adiante, por conta de curvas e poços mais profundos, criavam-se remansos e formavam-se espécies de rodamoinhos, onde os peixes faziam suas tocas, e eu, sabendo disso, elegia aquele lugar para pescar bagres e traíras, bem como piabas das grandes, de escamas tão brilhantes, que cintilavam em contraste com o sol, apresentando-se exuberantes. Portanto, conhecia bem aquele lugar ou porque por ali eu passava, de viagem, ou porque ali eu pescava.

Contudo, a natureza, uma vez ou outra, pregava uma peça para testar se eu estava mesmo capacitado a enfrentar aquela passagem, em tempos de chuvas torrenciais, que caía dias após dias, transformando aquele vale num verdadeiro mar. Então, nesses dias chuvosos, ao despontar de um lado ou do outro, avistava aquele espelho de água, que cobria todo o vale e submergia a ponte, e eu tinha de calculá-la de modo preciso, pois o erro de um metro para a direita ou para a esquerda me faria cair no leito fundo e de correnteza forte e certamente levaria a mim e ao meu cavalo para a morte.

Embora com medo, tocava o cavalo pelo rumo certo do meio da ponte e a atravessava com a água acima da sela, quase nadando. E, depois dos calafrios sentidos, estava do outro lado, com o sentimento de ter vencido aquele desafio da natureza, com toda a sua força e beleza.

Esses foram momentos que se repetiram algumas vezes e me deram forças para vencer os medos e nunca me deixar represar diante de qualquer desafio que se apresentasse, pois precisamos enfrentar os obstáculos e seguir adiante, sob pena de não evoluirmos na vida e ficarmos estáticos, esperando a vida passar.

Capítulo 32

Sonorização

Quando eu tinha cerca de 10 anos, vivendo no mato, sem nenhum equipamento sonoro, recorria ao espírito criativo, inventivo, para buscar na natureza algo que pudesse satisfazer a audição. Assim, capturava uma cigarra, que existia em abundância, com as próprias mãos e a colocava próximo aos meus ouvidos para escutar, por dias a fio, aquela sonoridade rouca e prolongada, até ela se explodir e eu substituí-la por outra.

Outra maneira que eu encontrava para satisfazer a audição era capturar "tanajura", enfiar um espeto no traseiro dela e colocá-la junto aos meus ouvidos para escutar uma agradável sonoridade, como se fosse um zumbido ou a turbina de um avião, ouvido de longe, até que horas depois, não aguentando mais bater as asas, que produziam aquele som, ela, desmilinguida, era substituída por outra, para continuar me divertindo, ouvindo aquele som, que eu carregava para todos os lados como se fosse um rádio de pilha.

Hoje não, na vida contemporânea, com tanta parafernália eletrônica, tão farta e variável à disposição, basta ter grana no bolso para formar uma orquestra dentro de casa ou mesmo por meio de um pequeno aparelho, portátil, no bolso, com um fone de ouvido, para ouvir músicas de todos os gêneros e gosto, produzidas no mundo inteiro. Naquela época, porém, se você tivesse um pouco de imaginação para alegrar a audição, tudo era tirado da natureza, sem a necessidade de gastar um só tostão por essa diversão.

Isso era cruel com os bichos, mas não o fazíamos por perversão, mas sim por costume, que satisfazia nossa audição. Hoje, não mato nem mesmo uma "maria-fedida" que invada minha casa à procura de proteção. Ponho-a de volta em lugar confortável, sem me preocupar com o cheiro desagradável que fica em minhas mãos, produzido por ela como forma de defesa.

São valores diferentes, adaptados aos costumes de uma época e lugar. Por isso, não podemos censurar a conduta dos caboclos, dos matutos, dos ribeirinhos, dos nativos, dos caiçaras, dos índios, de determinado povo que vive num lugar. Em vez disso, temos de conscientizá-los para preservar a natureza e oferecer a eles alternativas para sua subsistência, visando à convivência em harmonia com tudo que Deus nos concedeu para sermos felizes, com a satisfação de todos os sentidos presentes na vida humana, sem a necessidade de recorrermos ao instinto predador.

Capítulo 33

A gula

Quando eu era pequeno, na fazenda Serra do Teco, costumava disputar quem mais comia isso ou aquilo. Geralmente eram frutas, que mais estavam à mão e em fartura.

Certa vez, aceitei o desafio do meu irmão Zezinho e dos amigos para ver quem comeria mais "bagos de jaca". Só fiz questão de uma coisa: que a jaca fosse retirada do "pé compridinho", do qual havia uma só espécie, no local conhecido por "escuta" . Escuta era o nome dado a um lugar de nossa fazenda onde existia um vale enorme, denso de árvores e com um córrego que o cortava ao meio. No final dele, havia um lajedo meio oco, que fazia ecoar a palavra gritada. Assim, por exemplo, se você, em alto e bom som, pronunciasse "olá", ouviria o eco: olá..., olá..., olá... E nós ficávamos repetindo palavras diversas, curtas, porque com palavras longas o eco incidiria somente sobre a última. E ficávamos ouvindo por horas a fio aquele som que a natureza reproduzia.

Mas voltando ao assunto do fruto, graúdo, de coloração verde e que brotava no tronco, escolhi aquela árvore porque tinha certeza de que a jaca não era cabula. "Cabula", para quem não sabe, era a jaca insossa, massenta, que custava a descer e pesava no estômago. Aberto o fruto e retirado o "bangunço", que levava consigo o visgo, ele ficava firme e bem docinho.

Naquele dia, bati o recorde, comendo 200 bagos de jaca do tipo "mole" porque da "dura" não dava, pois costumávamos comê-la em fatias, dando a impressão de que o volume era bem maior e o tempo mais longo, e não haveria a sensação do desafio feito, aceito e vencido em pouco tempo.

A admiração dos colegas pelo recorde batido e por voltar para casa com a barriga esticada, pelo volumoso bolo de jaca, deixou-me a lembrança desse feito, que ninguém mais repetiria.

Capítulo 34

Carnaval, cão e caretas

Na minha infância, lá pelos meus 10 anos, já vivendo na cidade, a festa de maior sucesso era o carnaval. O carnaval, em Brejões, era diferente e muito mais emocionante.

O costume eram as "caretas" e o "cão", personagens que perambulavam pela cidade, praticando maldades e espalhando o terror. As "caretas" eram pessoas que colocavam máscaras e roupas coloridas e amedrontavam crianças. O "cão" vestia apenas um calção de cor preta, que cobria as partes íntimas, e com o corpo todo pintado de carvão negro, com chifres, rabo e língua de cor vermelha, bem como um chocalho pendurado no pescoço, anunciando sua chegada e espalhando o terror.

Para vocês terem uma ideia, só de vê-lo da nossa casa, do lado oposto da cidade, distante cerca de mil metros, eu tinha arrepios de pavor e medo. Quando ele despontava na minha rua, atravessando a ponte sobre o rio da cidade, de imediato eu corria para dentro de casa e fechava as portas e as janelas. Pelas frestas da janela, eu o via passando pelo passeio de casa, procurando uma vítima. Aquela visão horripilante causava-me pavor, a ponto de tremer como vara verde, e só saía de casa quando tinha certeza de que ele estava bem longe.

No entanto, uma vez ou outra, distante de casa, eu me sentia acuado por um monte de "caretas". E uma delas, particularmente, era violenta e nos batia com vara verde. Depois, constatei que se tratava de um menino de nome Elísio, que era mau, perverso por natureza.

Em outras oportunidades, quando me arriscava a ir até a praça principal, era surpreendido pelo "cão", que surgia do nada, compelindo-me a abrigar-me na igreja, aonde ele só chegava até as escadarias e de costas, já que representava o "capeta" na casa do Senhor, e isso dificultava sua missão de nos capturar e arrastar para o mato, onde nos executaria com uma faca ou um machado.

Em outros lugares, quando éramos surpreendidos pelo "cão", costumávamos nos encostar nas paredes, porque, conforme a regra, ele não podia nos apanhar nessa situação e nos levar a algum lugar para nos torturar até a morte. Assim, o "capeta" ficava se esfregando em nosso corpo para deixar a sujeira em nossas vestes, forçando-nos a nos afastar de paredes, postes, para corrermos e, então, ele nos alcançar, porque ninguém corria mais que aquele diabo.

Ao final do dia, descobríamos que, caso fôssemos apanhados de jeito, o único castigo era lavar o "cão" no rio, com caco de telha e sabão, livrando-o da pintura que lhe dava aquela aparência horripilante, e então ele nos revelava sua verdadeira identidade. Geralmente, era um jovem de alta estatura e atleta por natureza, de quem não conseguiríamos escapar e que poderia atravessar a cidade, dada a sua insistência em nos meter medo, aproveitando-se das nossas fantasias de crianças.

Essa encenação era obra do prefeito, que contratava uma pessoa para mexer com o imaginário das crianças, talvez com o propósito de nos mostrar como seria a vida depois da morte, caso não fôssemos meninos obedientes, pessoas de bem.

Nunca mais cometi maldades, para não ter de enfrentar, depois da morte, criatura tão assustadora, que me causava arrepios só de imaginar como seria viver no inferno e ter de me submeter aos caprichos do capeta.

Estou fora, preferi seguir o caminho do bem, obedecer aos meus pais, aos meus professores, aos mais velhos, ser bom aluno, trabalhar e ser solidário com o próximo, para não ter de enfrentar, cara a cara, depois da morte, aquela figura do demônio.

Capítulo 35

Casa de farinha

Da casa sede de nossa fazenda Serra do Teco, eu avistava nossa casa de farinha, distante cerca de 250 metros.

Em linhas gerais, nela havia um grande forno, uma prensa, uma correia de uns 6 metros de comprimento, que dava a volta, passando por duas roldanas existentes nas extremidades, e em uma das pontas existia uma grande roda de ferro com duas alavancas em formato de L, uma de cada lado, do mesmo metal, à altura de um metro, a partir de um piso elevado, feito de cimento, e outra ponta ficava ao lado de uma polia, com serrinhas, que girava em alta velocidade, conforme a força imprimida na roda, que movimentava a correia, fazendo funcionar toda a engrenagem.

Essa engrenagem, aqui narrada, grosso modo, servia para que, depois de descascadas pelas mulheres, as mandiocas fossem pressionadas contra aquela polia, transformando o tubérculo numa massa, a qual era levada para a prensa, acionada por uma grande tampa de madeira, grossa, que comprimia a massa, por meio de uma manivela acionada manualmente, fazendo escoar a água, que escorria por uma espécie de cocho, existente em sua base.

Depois de seca, a massa era retirada, peneirada e colocada sobre o forno, que estava bem aquecido, graças à fornalha mantida a lenha, e mexida rapidamente e sem parar, até que se transformasse numa farinha branca e fina, no ponto em que, quando jogássemos com o rodo um punhado dela para cima, parte da goma evaporasse. Retirávamos o produto, pronto e acabado, o ensacávamos e distribuíamos, em litros, medidos por um quadrado de madeira, às pessoas da região e reservávamos um tanto para o nosso consumo.

A mandioca, além da farinha, poderia se transformar em deliciosos beijus, recheados com licuri (coco pequeno que dá em cachos), coco propriamente dito, banana e outras frutas, tornando-se um alimento saboroso, nutritivo e saudável. A massa da mandioca, misturada com esses ingredientes naturais, também era enrolada em palha de bananeira e, depois de assada, virava uma espécie de bolo, bem firme, mas molhado, suculento e que exalava o cheiro da natureza. Ainda, retirávamos a goma da mandioca, que era misturada com leite e formava um pirão, um escaldado, como queiram, que fazia um bem danado para a reposição de nossas energias e regulação do intestino.

A mandioca poderia se transformar em muitos outros produtos, dependendo de sua criatividade, por exemplo, a puba, obtida por meio desse tubérculo *in natura*, que era enterrado por dias e dias num buraco, bastante profundo, estreito e hermeticamente fechado. A mandioca apodrecia e, depois de prensada em pano torcido, virava puba, da qual se produziam bolos, tapiocas e muitas outras receitas, sempre saudáveis para o deleite de nossa gente.

A verdade é que nossa casa de farinha ajudava sobremaneira nossa sustentabilidade, e penso nela ao ver tantas pessoas em grandes centros urbanos passando fome, quando muito provavelmente, em suas origens, essa gente poderia estar se valendo desse meio para se alimentar e viver com saúde e dignidade.

A mandioca era um alimento democrático, existente em abundância e fazia um bem danado e, portanto, merecedora dessa simples homenagem, que faço ao povo nordestino e, em particular, da região de Brejões, outrora cidade do café, mas desse produto cuidaremos em outra oportunidade.

Capítulo 36

O carneiro

Na fazenda Serra do Teco, vivi a minha infância, lá pelos 10 anos de vida, em meio a vários animais, como cavalos, bois, cachorros, perus, galinhas, passarinhos.

No entanto, o que mais ficou em minha memória foi um carneiro, embora não recorde o nome que demos a ele, assim como o cachorro que chamava "Dorli". Na verdade, esse carneiro se comportava como um cão, vivia atrás da gente e era imponente, grande, forte, para lá de robusto, e muito valente. Por isso, era minha companhia constante, pois, ao lado dele, eu, criança e franzino, me sentia protegido, porque ninguém ousava enfrentá-lo. O carneiro nasceu e foi criado em nossa fazenda.

Desde pequeno, eu e meus irmãos o treinamos na arte instintiva de dar cabeçadas. Então, com as mãos juntas e espalmadas, esticávamos os braços, para ele golpeá-las, e assim foi se especializando nessa arte de atacar ou se defender.

Quando adulto, não havia páreo para o carneiro. Ele derrubava qualquer um que o enfrentasse. Até mesmo touro se desmoronava diante de sua cabeçada, desferida com técnica apurada. Primeiro, ele se afastava por alguns metros, entortava o pescoço e avançava em disparada e, antes de atingir o alvo, erguia as patas dianteiras a certa altura, de modo que o golpe ganhasse potência máxima, derrubando o adversário, de qualquer tamanho ou raça.

O carneiro, majestoso, de lã espessa e cara simpática, era nossa companhia e nos enchia de graça, com suas peraltices, até contra nós mesmos, que, por brincadeira, nos derrubava, mas, sabendo de sua força, meio que simulávamos nossa queda, após nos protegermos com nossas mãos juntas e espalmadas.

Certo dia, minha mãe resolveu abater aquele carneiro para aproveitar a carne dele, deixando-me triste, pois o tinha como um animal de estimação. A decisão foi mais agravada porque naquela época se matava carneiro a marretadas de "mão de pilão" e, enquanto o bicho andava, um homem eleito, empregado da fazenda, o golpeava. O carneiro continuava andando, sem fugir e era golpeado de novo, várias vezes, na região da cabeça, até cair e se estrebuchar, em silêncio, sem esboçar nenhum sinal de dor ou sofrimento.

Será que é por isso que existe aquele ditado que diz: "Bom cabrito não berra", significando que a pessoa não deve reclamar de uma situação que se lhe apresente desfavorável, decorrente de um fato por ela criado? O certo é que o carneiro, por sua natureza, ao ser abatido, seja lá de qual maneira for, não berra, embora seja o berro o som natural de comunicação entre os animais dessa espécie.

Mas para que se pronunciar ao homem, se ele não vai compreendê-lo? Eu entendi, no seu silêncio, que ele estava aceitando o seu destino e morrendo como um guerreiro para nos servir com sua carne, antes de tornar-se velho demais para ser consumido.

É, meu irmão, a natureza é bela e inexoravelmente fria, dura, sem lugar para sentimentos ou paixões. Cumpre-se a natureza das coisas, irremediavelmente.

Capítulo 37

Dos bichos, dos pés à cabeça

Antes de qualquer coisa, quero adverti-lo de que, ao final da leitura deste texto, se insistir em continuar, você estará coçando sua cabeça. Depois, gostaria que você se manifestasse a respeito, que desse seu testemunho sobre esse efeito psicológico. Você ainda pode parar por aqui! Quer continuar? Depois, meu caro leitor, não diga que você não foi avisado. Vai prosseguir?

Pois bem, quando eu era criança, lá pelos meus 10 anos, já vivendo em Brejões, lembro-me de que a maioria de nós, na santa ignorância, padecia deste mal: gostávamos de cultivar alguns parasitas ou, pelo menos, retardávamos a eliminação deles — bicho-de-pé, rodoleiro, sanguessugas, lêndeas e piolhos. Rodoleiro, para quem não sabe, é uma espécie de carrapato, mas dos grandes, capaz de sugar uma grande quantidade de sangue.

Lamentos à parte, pela falta de conhecimento e nenhuma higiene, o fato é que, mediante a utilização de um pente, com pontas bem juntinhas, despejávamos de nossos cabelos os piolhos sobre uma folha de papel ou catávamos, um na cabeça do outro, tantos piolhos quantos quiséssemos, sem conseguir eliminá-los por essa prática, uma vez que as lêndeas estavam lá, embranquecendo a raiz de nossos cabelos e fazendo brotar mais piolhos, tantos quantos fossem eliminados, fazendo com que o problema permanecesse, sem ninguém para nos orientar a respeito de métodos eficazes para a eliminação desses parasitas, que se alimentavam de nosso sangue e eram responsáveis pela transmissão de muitas doenças.

De outra sorte, ou, melhor, de outro azar, virava e mexia, estávamos nós lá cultivando um bicho-de-pé, adquirido não sei como, talvez porque andássemos descalços e, portanto, desprotegidos das pragas da natureza.

E, ainda, meio envergonhado, tenho de admitir, por amor ao princípio da verdade, que uma vez ou outra deixávamos se prolongar no tempo a instalação, proposital, de um rodoleiro, atrás da orelha ou em alguma dobra, articulação, do corpo, de preferência onde houvesse uma boa artéria para ele sugar o sangue até dobrar de tamanho e ficar bem vermelho, para que depois pudéssemos arrancá-lo e explodi-lo para ver o sangue espirrar.

Nesse mesmo sentido, outra prática de nossa extrema ignorância era brincar de pescar sanguessuga na lagoa. Sentávamo-nos sobre as pedras ou a madeira e colocávamos as pernas dentro da água da "fonte dos bichos" e, depois de algum tempo, nós as retirávamos, verificando várias sanguessugas com suas ventosas grudadas em nossas veias, alimentando-se do nosso sangue. Quem tivesse mais ou a maior das sanguessugas ganhava a aposta, que poderia ser o direito de dar um cascudo bem dado no outro, de modo que doesse tanto, que o perdedor via estrelinhas. Depois disso, nós, que já estávamos previamente equipados de um bom maço, passávamos velame sobre a ventosa do bicho para que ele largasse nossa pele, deixando escorrer o sangue pelas nossas canelas.

Uma estupidez digna de ser contada aqui, para nunca ser repetida, embora acredite que hoje em dia não existam mais essas práticas, capazes de infectar as pessoas de toda ordem de doenças.

O fato é que, encabulado, tenho de admitir que o bicho que dava na cabeça, no pé e em outras regiões do corpo exercia um fascínio pela quantidade ou pela coceirinha, seguida de um suave latejar. Em relação ao bicho-de-pé, depois de curti-lo por certo tempo, bastava lançar mão de um espinho de cacto para cutucá-lo e retirá-lo por inteiro, o que deixava um buraco de seu tamanho, que a natureza se encarregava de preencher.

O curioso é que todo mundo tinha piolho, menos o Kita. Por isso, nós o cercávamos, imobilizávamos e, com a folha de caderno repleta de piolhos de todos os tamanhos, muito provavelmente machos e fêmeas, depositávamos esses parasitas na cabeça dele e depois remexíamos os cabelos para que os piolhos pudessem se espalhar, botar ovos, as lêndeas, e fazer da cabeleira dele um criatório.

Feita a maldade, nós o liberávamos e, dias depois, colocávamo-nos à espreita, para que pudéssemos novamente imobilizá-lo e vistoriar a cabeça dele. E, para nossa decepção, verificávamos que nada havia. Era como se alguém tivesse retirado os piolhos com as mãos. Diziam que o sangue do Kita não era compatível com a proliferação desses parasitas, uma vez que ele não precisava de nenhum cuidado para erradicá-los. Já nós, aos sábados, durante o banho, costumávamos arear nossas cabeças com bucha e sabão ou babosa, mas, mesmo assim, os bichos continuavam lá, caminhando pelos fios de nossos cabelos, podendo ser vistos a distância.

Além disso, não éramos alertados sobre essa nojeira que habitava em nossas cabeças, nos nossos pés e nas partes escondidas e irrigadas de nosso corpo, que padecia e se defendia com os anticorpos que produzia, sem que soubéssemos dessa labuta contínua entre nossa burrice e a inteligência de nosso organismo, obra do Criador, que nos dotou de um exército de defensores naturais e de um cérebro pensante, mas que naquela época, no nosso caso, não estava a pensar.

Capítulo 38

Da gastronomia do lugar: carnes

Acho que o mais correto seria intitular este texto como "Das comidas típicas do lugar". No entanto, nos dias atuais, muito em moda os tais *master chefs*, vamos nos adequar à nova terminologia e tratar do assunto como gastronomia, largamente explorada no meio social e, a propósito, com razão, uma vez que comer, beber e rezar fazem bem à mente, ao corpo e ao espírito. Assim, não poderíamos deixar de abordar esse tema, em relação à época em que eu era criança, mas, sobretudo, em qualquer momento da vida humana.

Por onde iniciar esse tema, além de "quando eu era pequeno, vivendo na fazenda Serra do Teco"?

É claro que vou abordá-lo de forma superficial e, como sempre, genuinamente, sem pesquisa, apenas fazendo menção àquilo que minha vaga lembrança me sopra, pois, do contrário, não faria sentido falar das coisas que vivi quando era pequeno na fazenda Serra do Teco.

De imediato, vem à minha mente e me dá água na boca a vagem do ingá-caixão, gorda e grande. Quando ela era aberta, mediante a retirada de um filete de talo da baga que a recobria de um lado a outro, surgia a imagem de uma massa branca, suculenta, tão doce e suave, que era impossível não fechar os olhos para sorver aquela delícia que só a natureza podia nos oferecer, em abundância e de graça.

Outra delícia, da terra, é óbvia, era o pato-d'água ou pato-selvagem ou marreco, que aterrissava em nossa lagoa com a mesma graça com que flutuava sobre a planta parecida com a vitória-régia, a qual surgia na superfície, em alguns pontos daquele extenso lago, sempre abastecido pelas águas da chuva, que arremetiam sobre o vale onde ele estava encravado — obra da natureza, coisa de Deus, uma vez que não havia nascente para mantê-lo com todo o seu esplendor.

O pato tinha de ser feito logo que apanhado ou caçado e assado num espeto de madeira, em fogo a lenha, de preferência acompanhado de um escaldado ou pirão, recoberto por uma espécie de molho pardo. Na França, onde existe a mais refinada culinária do mundo e predominam os pratos com aves e miúdos, há um com pato dessa forma, que lá comi, recentemente. Saiu bem caro, mas o da minha infância não, pois, além de ser mais saboroso, porque era fresco e assado em fogo a lenha, não tínhamos de pagar nada por isso, que nos dava tanto prazer.

Nesse mesmo sentido, não poderia deixar de fazer alusão ao inhambu, cujo prato de tanto sucesso faz parte de uma música do cancioneiro popular nordestino, que diz mais ou menos assim "...tomar uma bicada com inhambu assado e olhar pra Maria do Juá...", de preferência com a voz melódica de Clara Nunes e ao som da sanfona de Mestre Sivuca. Já sei, dá vontade de sair dançando, rebolando as cadeiras, não é mesmo? Mas a musicalidade é tema para ser abordado em outro momento.

Quando avistávamos o inhambu, geralmente deitado em solo, no meio da capoeira, nosso coração dava pulos de emoção, porque ele se apresentava vistoso, com muita carne, tenra e saborosa. Como é uma ave muito arisca, aproximávamos pé ante pé, evitando os gravetos para não fazer barulho, e, a certa distância, disparávamos uma pedra polida do bodoque de uso pessoal, feito à mão, com um gancho de árvore e uma boa correia. Acertávamos o animal em cheio e na cabeça, de modo que a morte era quase instantânea, logo após ligeiras batidas das asas, de forma lenta e tímida, antes do suspiro final.

O inhambu, embora desconfiado, era mais fácil de ser apanhado, pois seu voo era breve e podíamos avistar o local onde ele pousava. Já a juriti, ave igualmente cobiçada por seu porte avantajado, sua penugem esbranquiçada e sua carne saborosa, se percebesse nossa aproximação, voava alto e para longe, de modo que não podíamos alcançá-la.

O tatu também dava um bom prato, mas tinha de ser temperado, alguns dias antes, com coentro e tudo mais de que a natureza dispunha e cozido para tirar o ranço. O coentro mereceria um capítulo à parte, porque é um tempero produzido pela natureza, mas não cabe nesta síntese de algumas coisas que comíamos e bebíamos por aqueles lados da fazenda Serra do Teco, quando eu era criança.

Para caçar tatu existe uma técnica: lembro-me, perfeitamente, de que, num entardecer, como de costume, estávamos no terreiro de nossa fazenda, admirando o sol se esconder atrás da serra, quando, de repente, passou, no meio de nós, um tatu, dos grandes, correndo em direção à Zeferina, e nós fomos atrás dele. O tatu, como de costume, pois não é veloz, entrou em um buraco, junto a uma bananeira, e cravou suas patas nas raízes da planta. Nós o seguramos pelo rabo, e juntaram-se vários homens, mas não conseguimos removê-lo um só centímetro. Depois, com cuidado, um de nós enfiou a mão para dentro da toca até um dos dedos alcançar o traseiro do tatu, quando ele, então, relaxou, deixou de contrair as garras e foi retirado como se fosse um bebê assustado.

Como você deve ter observado, o assunto é extenso e apaixonante. Sobre ele, eu poderia escrever um livro e ainda sobraria conteúdo, sem esgotá-lo. Contudo, vamos procurar sintetizá-lo, de modo que caiba nesta pequena recordação de minha infância no campo, quando eu vivia lá na fazenda Serra do Teco.

O peixe — o melhor dos alimentos — daquela época era a traíra. Mas a piaba, assada ou frita, também era uma delícia. Agora, o jundiá ou bagre, com seus "bigodes" compridos, não era muito palatável, talvez porque gostasse de viver enfiado na terra, na lama, na toca, debaixo d'água. Exceto o "bagre de Nade", minha irmã, que o prepara somente em datas festivas, pois dá um trabalho danado. Pelo que me lembro, Nade o prepara de véspera e junta tudo que a natureza tem a oferecer: coentro, quiabo, jiló, abóbora e azeite de dendê. Nas reuniões de família, dadas à fartura, sobram peru, pernil, assado de todo jeito, mas do "bagre de Nade", cozido com os acompanhamentos, não sobra nem pensamento.

Em relação às carnes, a variedade era bem servida. Tínhamos a carne bovina, a suína, a dos caprinos, dos peixes, das aves e até de jegue, que era dura, cheia de nervuras e bem fibrosa e fedida, mas a comíamos em lascas, assim como o leão faz com sua presa.

Voltando às aves, eram, particularmente, as mais apreciadas, talvez por serem menores e ficarem bem assadas, por completo, por fora e por dentro, e podíamos saboreá-las até os ossinhos, sem perder nada.

Vou encerrar esta parte falando do bom e velho cozido, especialidade de minha irmã Argene. Trata-se de um prato barato e fácil de fazer. Está lá, tudo à mão, mesmo para quem mora na cidade. Basta disposição para comprar um bom pedaço de carne, temperá-la com os temperos da natureza e juntar jiló, quiabo, maxixe, abóbora, chuchu, batata, banana-da-terra ou d'angola e pimenta "rastro de cachorro". Bota para cozinhar e, depois de uma hora, pode servir à vontade. E se os convidados vierem cedo, vamos servir o café da manhã: inhame com manteiga por cima, banana-d'angola, tapioca e café com leite. A visita vai pedir para voltar!

E não temos de pagar quase nada por tudo isso. Basta fazer com carinho e amor!

Capítulo 39

Vai chover e não tem lenha!

Quando eu era criança, vivendo lá na fazenda Serra do Teco, costumava ouvir este alerta de minha mãe: "Vai chover e não tem lenha!". Ela não precisava dizer mais nada. Era a deixa para a gente abastecer o reservatório de lenha.

Nós, automaticamente, olhávamos para o céu e avistávamos uma nuvem negra se aproximando e, concomitantemente, dirigíamo-nos ao depósito de madeira, existente no quintal, mais precisamente ao lado esquerdo da casa, que dava para o terreiro, e verificávamos que ele estava bem baixo, com pouca lenha. De imediato, partíamos em busca de madeira, boa e seca, para nos garantir pelos próximos dias, pois, a rigor, não se sabia quando o aguaceiro, que se pronunciava nos céus, teria fim.

Não era uma tarefa difícil, mas a missão implícita corria contra o tempo, pois teríamos de encher os panacuns das mulas com lenha boa para queimar, porém sem prejudicarmos a natureza. É óbvio que sabíamos de onde extrair esse tipo de madeira seca, sem vida por fora, mas que dava um bom fogo. Rapidamente, arriávamos os animais e rumávamos para o lugar eleito, onde reuníamos as madeiras, uma parte já caída e outro tanto em pé, as quais eram retiradas, sem muita dificuldade, a golpes de facão ou a machadadas.

De volta, era só empilharmos as madeiras, cortadas de mesmo tamanho, em local escorado por toras grandes, fincadas no chão, de modo que ficássemos tranquilos. Era só cumprir essa tarefa e lá vinha água, torrencial, provocando corredeiras múltiplas pela erosão na estrada de terra, enchendo espaços vazios e tornando o verde mais verde e as pastagens mais viçosas, para alegria dos pássaros, dos sapos, das rãs e de tudo quanto era bicho, que cantarolava em agradecimento pela bênção de Deus.

E nós ali, à beira do fogão, aquecido a lenha, tomando leite e comendo beiju com coco ou licuri, admirando a beleza da natureza, em seu esplendor, a começar pelo jardim existente nos fundos de nossa casa, florido e perfumado pelas flores-do-campo, por rosas, margaridas, sem ter de pagar nada por isso.

Capítulo 40

Dos bichos que não se comem

Naquela época, quando eu era criança, lá na fazenda Serra do Teco, havia — e ainda há até hoje — alguns bichos, em abundância, que não comíamos e outros que não devíamos comer, mas comíamos. Na verdade, depois, com mais informações, soubemos que esses bichos comestíveis eram nutritivos e faziam bem à saúde.

As lavandeiras, por exemplo, podiam aparecer em revoada e pousarem nas pedras da "fonte dos bichos". Exceto pelo risco de serem apanhadas, involuntariamente, pelo visgo, não havia perigo em desfilarem de um lado para o outro, graciosas como todo pássaro. Não se come lavandeira e, por isso, não se mata. Ainda assim, elas não se aproximavam, talvez assustadas por outros perigos que a vida no mato reserva.

O anu, tanto o branco quanto o preto, também não se comia. Embora se trate de pássaro razoavelmente grande, era pura pena recobrindo um corpo esquelético, esquálido, e, portanto, não daria um bom prato.

A rolinha-fogo-apagou, parda, se comia. Já a rolinha de penugem esbranquiçada, com pintinhas, de cujo nome não me lembro (não a confunda com a juriti), não se comia. A propósito, só soube que se comia pomba quando me levaram, recentemente, a um restaurante típico francês, lá em Paris, onde comi uma pomba ao molho "não sei das quantas". Lá na fazenda Serra do Teco, no entanto, acho que nem havia pombas e, se havia, não cogitávamos em comê-las. A pomba carrega o estigma de que pode trazer doenças. Acredito que aquela pomba servida na capital francesa tenha sido criada em cativeiro com ração, pois, na natureza, parece-me que as pombas comem de tudo, a exemplo do urubu ou do avestruz, tanto que se proliferam nas cidades pela comida fácil servida pelos passantes. Aproveitando a oportunidade, o avestruz come de tudo, e nós comemos avestruz, mas urubu não comemos, nem aqui nem em qualquer outra parte do mundo. Não dá para comer um bicho que se alimenta de carniça, e que, por isso, é necessário, porque representa muito para a limpeza do meio ambiente.

E garrincha? Conhecem? Não estou falando aqui do famoso e saudoso jogador habilidoso, mas daquele pássaro pequenino, marronzinho, de canto feio, esganiçado, e bem desconfiado. Não comemos garrincha e, por isso, não matávamos esse pássaro. Na verdade, não sei a que se presta esse passarinho, mas deve ter lá sua utilidade, porque tudo na natureza tem uma finalidade. Nada é ao acaso, porque a natureza, além de ser bela, é infinitamente sábia.

E pardal? Por que não se come pardal se ele existe em abundância e em qualquer lugar e é um pássaro como qualquer outro? Será que é porque ele come qualquer coisa, a exemplo das pombas, ou porque é bem miúdo, como o pintassilgo e o beija-flor?

O teiú, que é um tipo de lagarto, porém grande, nós o comíamos e sua carne é bem saborosa, parecida com a do frango.

Agora, não sei por que não comíamos calangos, lagartixas, sardão. Talvez porque sejam bem pequenos e, depois de assados, fritos ou cozidos, não restaria quase nada para aproveitar.

Não deveríamos comer, mas algumas vezes comíamos, morotó, pequena larva, gorducha e branquinha, com garrinhas pequeninas e escuras, que dava em tronco de árvore podre, em coco seco, nas goiabas. Era doce e fazia bem para a saúde, mas, na verdade, comíamos para mostrar aos nossos amigos que éramos "crianças raiz", como se costuma dizer hoje em dia.

A natureza é assim, bela, infinita, misteriosa, e está à disposição de quem a conhece e a respeita!

Capítulo 41

Das novidades do lugar

Naquela época, quando eu era criança, em Brejões, todo acontecimento era motivo de felicidade e, por isso, vivido com intensidade. Uma das novidades, a mais empolgante de todas, era a chegada do circo, com todos os seus artistas e seus animais, que nos enchiam de fantasia e alegria.

Como não tínhamos dinheiro para pagar o ingresso, o jeito era entrar por debaixo da lona e se ajeitar na arquibancada. Precisávamos fazer isso muito rapidamente, uma vez que havia uma pessoa encarregada da fiscalização, que ficava dando voltas por todo o circo para evitar essas entradas furtivas.

A não ser que você conseguisse se juntar à turma que acompanhava o carro de som, andando pela cidade e fazendo a propaganda de que naquela noite haveria *show* de verdade. Então, enquanto corríamos atrás do carro e do sujeito de longas pernas de pau, cantávamos, uníssonos: "Eu vi o céu, eu vi a lua..., eu vi o palhaço no meio da rua!!!", "A mulher do palhaço é um colosso, caiu da cama e quebrou o pescoço!!!", a fim de chamar a atenção de todos para o espetáculo que estava para se iniciar.

E o espetáculo era digno mesmo de todo esse *marketing*, pois havia grandes e complexas apresentações para aquela época, tanto que até hoje elas são apresentadas nos grandes circos pelo país e pelo mundo afora.

O salto mortal sobre o boi bravo, em que o acrobata, corajoso, famoso, de cujo nome não me lembro, atiçava o animal e, quando este partia para cima, dava o salto mortal por cima do bicho, nem triscando nele. Aquilo me deixava com o coração saindo pela boca!

O globo da morte, em que dois motoqueiros pilotavam suas motos potentes em zigue-zague, em alta velocidade, dentro de uma bola de metal, passando um pelo outro, no limite, sob pena de se chocarem e provocarem, muitas vezes, a morte. Era esplêndido!

Era tão bonito assistir a esses espetáculos, que sua chegada nos provocava um estado de euforia. Já a partida do circo fazia morrer algo dentro de nós, como se apagassem uma luz, e dava uma sensação de vazio, que durava dias para ser preenchido.

Até o caminhão da Lusitana, quando chegava à cidade, grandão, reluzente, colorido, trazendo um montão de coisas, incluindo doces, era motivo de muita festa, alegria e contentamento.

Um carro novo, exalando aquele cheiro gostoso, a inauguração de uma sorveteria, com sorvetes sortidos e deliciosos, onde gastávamos todo o nosso parco e rico dinheirinho, a colocação de uma mesa de bilhar num bar da praça, um baile no salão que existia quase na saída da cidade, no sentido do km 100 e de Milagres — embora não pudéssemos entrar, mas ficávamos lá fora, apreciando os "bacanas" desfilarem como se estivessem à porta de Hollywood —, e várias outras coisas. Qualquer motivo era suficiente para festejar e nos encher de graça.

Assim, dando valor às pequenas coisas, a gente era feliz e sem ter de gastar quase nada para ter esse sentimento, que hoje, a duras penas, buscamos e, muitas vezes, não encontramos, pelo menos, não com o mesmo envolvimento, com a mesma candura e o mesmo contentamento.

Capítulo 42

Das bebidas do lugar

Não sei agora, mas, antes, Brejões era considerada a cidade do café, tanto que existia, no portal de entrada, uma placa com esses dizeres, toda enfeitada com essa planta da qual se obtém uma bebida extraordinária, além de saudável, se for consumida com moderação.

Lá na fazenda Serra do Teco, onde eu vivia quando era criança, o café era a atividade principal e gerava parte das receitas de que necessitávamos para viver com dignidade.

Meu pai, naquela época, plantou um tal de café caturra, com uma técnica invejável, pois, de qualquer ângulo que se olhasse, a plantação se apresentava em fileiras ordenadas. As mulheres colocavam chapéu na cabeça, com lenço a cobrir-lhes até o pescoço, e, com uma urupemba, perfilavam entre as fileiras dos pés de café. Enquanto entoavam uma música, de cuja letra não me lembro, pegavam os galhos, um por um, de cima para baixo, e puxavam todo ele, juntando os maduros e os verdes no recipiente de palha, que traziam à cintura. Depois, era só botar para secar num terreiro murado, existente do lado da casa de farinha e pronto: lá tínhamos grãos de boa qualidade para fazer aquele saboroso café, para tomarmos assim que despertássemos.

A exemplo das comidas, as bebidas são um tema de dimensão extraordinária, que mereceriam uma enciclopédia, para descrevermos suas formas, cores e sabores, mas vou apenas me limitar a replicar alguns lampejos de minha vaga memória, dos tempos em que era criança, vivendo na fazenda Serra do Teco. Sem ordem predefinida, porque, falando em bebida, vem logo à mente o fruto, de preferência os cachos: azeite de dendê, banana, licuri, coco.

O azeite de dendê não é bebida, mas óleo, que, em forma líquida e de cor bem vermelha, tempera e embeleza a culinária nordestina. Basta dizer que toda moqueca tem azeite de dendê, senão vira peixe cozido, sem a graça da cor e do sabor.

O jenipapo é tão extraordinário que, dependendo do preparo, vira suco ou licor, ambos de muito sabor.

O caju, de sabor cítrico, pode ser servido em pedaços, como suco ou caipirinha colorida e deliciosa.

A goiaba ou araçá também é um fruto que se serve em pedaços, mas, na forma líquida, dá um excelente suco ou sorvete, além de ser muito nutritiva.

Não podemos nos esquecer da manga. Quanto prazer nos dava parar embaixo de um pé de manga para dela nos fartarmos, fresquinha, madura, cortada em formato quadrado e consumida ali mesmo. A goiaba também pode ser saboreada como suco.

Não dá aqui para esgotar esse assunto. Como já disse, ele é extenso, vasto, esplêndido, como tudo na natureza, que é infinita, bela e de extraordinário sabor! E está tudo ali, em abundância, à mão, sem que tenhamos de pagar nada por isso.

Capítulo 43

Das pessoas do lugar

Ao entardecer, já sob a luz da lua, chegamos ali, a uma chácara situada na parte alta da cidade de Amargosa.

Eu, minha mulher e os nossos três filhos aproximamo-nos da cancela de acesso à sede, onde fomos recepcionados por um senhor, dono do lugar. Ele não sabia quem eram aqueles que lhe visitavam de supetão.

Pedi a um dos meus filhos que filmasse o encontro e, enquanto eu fazia perguntas àquele senhor, ele foi juntando os pontos, até reconhecer que se tratava do Solano, afilhado dele — Manuel Lemos, que os conterrâneos chamavam de Mané Lemos, meu padrinho, amigo de meu pai.

A receptividade foi calorosa, em sua propriedade, bem edificada, onde havia um jardim, uma casa com diversas suítes, que servia de pousada, e ladeada de um pomar muito bem planejado, com frutos viçosos que davam gosto de ver e vontade de saborear, como mangas, bananas-da-terra, além de jilós, aipim etc. Conversamos noite adentro e tarde da hora fomos dormir.

No dia seguinte, bem cedo, a mesa já estava posta com todas aquelas delícias da roça e tomamos a primeira refeição, regada a uma boa conversa, relembrando fatos passados.

Depois da minha visita, soube que ele falecera de causa natural. Era jovem ainda e bem forte, o que me apanhou de surpresa. Mas são coisas da vida, as quais não temos como evitar.

Começo aqui por Manuel Lemos, ao falar das pessoas do lugar. Sem a pretensão de esgotar o assunto, por conta de tantos personagens que fizeram parte de minha infância, de 0 a 12 anos, enquanto vivia na fazenda Serra do Teco e em Brejões, vou deixar breve referência de cada um que minha memória registrou e que são inesquecíveis.

Permita-me, antes, citar outros personagens que fizeram parte da fundação e do desenvolvimento do município de Brejões, a partir de 1920, a exemplo dos irmãos Galvão, que vieram de Portugal para Salvador e decidiram enveredar-se pelos sertões, atrás de ouro e minério, acabando por se estabelecerem em Brejões, estendendo-se por outros lugares, ajudando a formar povoados, que depois se transformaram em cidades vizinhas, como Amargosa, Jaguaquara, entre outras.

Há outras famílias que deixaram um legado enorme à nossa cidade de Brejões e se espalharam pelo mundo, por exemplo: Santana, Cajaíba, Moura, Brandão, Aragão, Barreto, Peixoto, Cardoso, Miranda, e tantas outras figuras ilustres, dignas de menção, por sua estirpe e galhardia, por sua nobreza e importância de ordem econômica, cultural, social, religiosa, que foram fundamentais para o surgimento e o progresso de nossa cidade e região. Contudo, são de datas mais remotas, motivo pelo qual, em que pese sua importância para a nossa cidade e região, na medida em que fazem parte dela, desde sua criação até sua ampliação e prosperidade, não pertenceram ao tempo em que eu era criança, vivendo na fazenda Serra do Teco e, depois, em Brejões.

Na década de 1960, lembro-me de pessoas que gravitavam em torno de nossa fazenda Serra do Teco, algumas mais importantes, outras mais simples, mas que, de alguma forma, permaneceram em minha memória e vou nominá-las por amostragem, numa espécie de homenagem àquela época em que eu, ainda criança, vivia na fazenda Serra do Teco e em Brejões, a exemplo do meu padrinho Mané Lemos.

Assim, sem critério, de acordo com os lampejos de minha memória, antes que se apaguem, posso, entre tantos homens e mulheres, fazer menção a alguns deles: Sr. Altino, homem de compleição miúda, franzino, ranzinza, um típico idoso intolerante, que nos expulsava, aos xingamentos, quando jogávamos bola defronte ao seu despolpador. Ele foi prefeito e, depois, cedeu a cadeira ao filho.

Senhor Edvaldo, filho do senhor Altino, casado com dona Jael, um dos casais mais ilustres da cidade, pelas suas virtudes e elegância, ocupantes da casa mais majestosa de Brejões, de muro alto e que ficava ao lado esquerdo da igreja.

Zé Mateus, dono de uma loja de tecidos e de uma casa muito confortável, com quintal vistoso, que dava fundos para o rio. Ali, uma vez ou outra, tomávamos café regado às delícias retiradas da natureza, como banana-da-terra, inhame, batata-doce, fruta-pão, tapioca etc. Tinha uma rural, que utilizava para vir a São Paulo e, de vez em quando, dava carona à minha mãe, levando mais de oito dias, de ida e volta. Ele, Zé Mateus, foi vítima de uma tragédia, ao falecer em decorrência do susto ao ser assaltado.

Doutor Newton, único médico da cidade, que padecia de surdez, mas fazia o que podia para acudir os doentes, os feridos e os necessitados.

Miguel Sapateiro, que tinha uma sapataria na parte alta, oposta ao despolpador, e alugava bicicletas. Um visionário para a sua época.

Dona Lozinha, que, a exemplo do senhor Altino, era velhinha, magra, pequena e bem ranzinza, que implicava com a gente, quando furtávamos mangas do pé que havia em seu quintal, nas encostas do rio.

Senhor Valdivino, um verdadeiro artista, construía casas, sozinho, incluindo a dele, ornamentadas com pedras, pintadas nas cores preta e branca.

Senhor Pedro e dona Hilda, de família numerosa, vizinhos na roça e na cidade, com quem estávamos sempre em contato.

Senhor Ló, de numerosa prole, também ajudou a povoar e edificar a região.

Dona Lola, vizinha em Brejões, senhorinha de pele morena, castigada pelo sol, com cabelos enrolados em coque, de aparência frágil, porém forte, lúcida em pensamentos e atitudes, deixando o seu amado filho Jorge, que zelou por ela até os últimos dias, aqui em São Paulo.

Raimundo Feio tinha um armarinho e um fusca, que utilizava para transportar mercadorias de São Paulo.

Mansueto era branco e forte, vaqueiro e, nas horas vagas, aplicava injeção. O curioso é que infectou muita gente, pois usava nas pessoas a mesma agulha com a qual aplicava medicação nos animais. Uma barbaridade!

Dona Estefa, simplesmente a senhora mais velha do lugar e até hoje está lá, vivinha da silva, do alto de seus 115 anos, a nos orgulhar. Hoje padece de falta de visão, por conta da catarata não tratada.

Marcelino era o braço direito de meu pai, ajudando nos negócios e nos afazeres. Tocava violão, animando as tardes de domingo. Um grande amigo da família, tanto que deu em batismo o filho dele para o meu irmão Antonio.

Sinésio, dotado de uma técnica própria para fazer farinha, que se chamava de "farinha da tauá", de qualidade ímpar, por sua pureza. Produzia poucas sacas e vendia ali mesmo, num instante, pois a qualidade era inigualável, fina e branca como capucho de algodão e com goma, que se via espraiar, quando jogada para cima, sendo essa a forma de avaliar a qualidade do produto mais consumido da região.

Ranulfo, que morava no Tabuleiro, homem de mente aberta, contador de histórias em quase todos os dias que nos visitava.

"Vardo", como se costumava dizer, à boca da noite, visitava-nos para contar histórias e, de repente, do nada, sem mesmo se despedir, saía depressa, montava em seu cavalo e ia embora, em disparada. Era o jeito dele e já estávamos acostumados com a despedida, sem se despedir. Adorava cavalgar e tocar boiada, tanto que fazia esse serviço para nossa família com satisfação e alegria.

Dona Tomazia, morava numa mata, bem além do "Purrão", onde só íamos a cavalo. As rezas, ladainhas, animadas com sanfona e violão, na casa dela, eram bem prestigiadas, com muita gente, levando fama para aquele lugar.

"Tijolo", morador de rua, apresentava defeito físico num dos braços. Era sujo, barbudo, e andava com um porrete e um saco às costas. Perambulava pelas redondezas, dormindo nas estradas. Quando chegava à nossa fazenda, pernoitava na casa da farinha, pelo tempo que queria ficar. Quando estava de bom humor, dava muitas risadas, mas, quando estava zangado, xingava todo mundo. Costumava misturar água com açúcar, para fazer uma espécie de xarope.

Dona Miligida, que fazia os partos.

Senhor Tutuna, alto, moreno, falava mansamente e tinha um linguajar singular.

Senhor Trofino, branco, narigudo, tocava acordeom e gostava de tomar uns tragos.

Senhor Zeferino, figura antiga, pai do "Lele", do "Vardo", do Sinésio...

Não poderia deixar de registrar aqui a minha homenagem ao senhor Alfredo, meu pai, que, embora sem muitos recursos, alfabetizou, educou e alimentou o pessoal da região.

As rezas, puxadas por dona Maria, minha mãe, em homenagem a São Roque e a todos os Santos, eram bem animadas, com refrões como:

"Senhor Deus, pequei. Senhor, misericórdia!!!", alternado, em coro, entre homens e mulheres.

Depois da reza, era servido café, biscoito com nata, broinha, cuscuz de milho, canjica, leite ninho com manteiga (receita caseira), que alimentava toda aquela gente, em tempos difíceis do pós-guerra.

Em seguida, animava-se o ambiente com uma boa roda de cantigas, com refrões bem alegres, como: "Nos braços de fulano, eu quebrei meu violão, 'rodão', 'rodão', eu quebrei meu violão...".

Foram tantas as pessoas que, a seu modo, à sua maneira, contribuíram para a construção de nossa história, quando eu era criança, vivendo na fazenda Serra do Teco e em Brejões. E tantas outras coisas que serviram de exemplo para a região avançar, prosperar, como as fazendas Lagoa do Morro, Pau Ferro e Bela Vista (com sua cavalgada anual).

A criatividade dos nomes dos lugares era peculiar, tais como Escuta, Laça-venha, Purrão, Tabuleiro e despertava curiosidade, cuja gente trabalhadora também era solidária, tanto que, nos momentos de enfermidade, as pessoas se alternavam, como sentinelas do moribundo, enquanto era servido licor de jenipapo, sem contar as benzedeiras, que, com galhos de arruda, curavam algumas enfermidades, e os chás de plantas diversas, eleitas pela sabedoria popular, ajudavam no bem-estar daquela nossa gente.

Este capítulo, "Das pessoas do lugar", merece outro, complementar, para falar da nossa gente do lugar onde eu vivi, quando era criança, de 0 a 12 anos, do qual tenho saudade, e, para matá-la, faço esta pequena homenagem.

Capítulo 44

O jegue de Lírio

Quando eu era criança, lá pelos meus 9 anos, vivendo na Serra do Teco, tínhamos poucas preocupações e uma delas era evitar a fuga dos animais.

Por isso, costumávamos, meio que instintivamente, em nossas andanças pelo mato, à caça dos bichos, com bodoques e arapucas, verificar as condições da cerca de arame farpado. De repente, nós nos deparávamos com um buraco na cerca ou um mourão caído, pela ação das intempéries do tempo ou mesmo pelo costume de um animal, que, ao se coçar em cerca velha, derrubava-a, deixando por ali uma passagem, tornando-se rota de fuga dos animais em busca de melhores pastagens.

Os bois eram mais difíceis de encontrar, pois a única pista era seguir o rastro ou os rastros, uma vez que por onde um deles ia outro ia atrás, até que, depois de um bom bocado de caminhada, deparávamo-nos com eles, agrupados, em meio ao mato verde, deliciando-se até salivar, e os tocávamos para o nosso pasto, cuidando de primeiro tanger o líder, para que os demais o acompanhassem.

Agora, quando era jegue, já sabíamos onde o encontraríamos. Então, rumávamos para o pasto do sítio do Sr. Lírio, que tem um filho de prenome Carlito, lá chamado de Zeza. O Sr. Lírio tinha algumas cabeças de jegue, mula e égua e, como nossos jumentos não são bobos nem nada, encaminhavam-se para aquelas pastagens, que ficavam a certa distância, a ponto de precisarmos cavalgar para chegarmos até lá, mas, por certo, eles denunciavam sua direção pelo cio de alguma fêmea do lugar.

De longe, avistávamos o fujão atrás de uma capoeira ou moita verde e dava um trabalho danado encabrestá-lo, mas, com certa maestria, o fazíamos, antes do entardecer e voltávamos para casa, montados a pelo, observando a cruz que todo jumento apresenta próximo à cernelha, traço da urina de Jesus Cristo, segundo uma crença popular católica, levando-nos à imagem da entrada triunfante de Jesus em Jerusalém sobre esse animal, considerado sagrado, que serviu tanto, sobretudo ao nordestino, mas que agora vive largado, a exemplo de Nosso Senhor, que, em seus últimos momentos de agonia, também foi abandonado pelos seus seguidores.

Capítulo 45

As surras que eu levei!

Quando eu era criança, lá pelos meus 11 anos, ainda não enquadrado pelo ECA — mesmo porque naquela época não existia este diploma legal —, vivendo na fazenda Serra do Teco e depois em Brejões, apanhava três vezes por dia e precisava voltar tarde da noite para casa para não tomar outras saraivadas de vara verde, que doíam como uma peste.

O castigo, perfeitamente justificável, era imposto pela minha mãe, visto que perdi meu querido e amado pai, de morte natural, quando eu tinha 3 anos de vida. No dia seguinte, ainda com as partes moles do corpo exibindo vergalhões, lá vinham mais solapadas, e assim sucedia até que eu me tocasse de que deveria corrigir aquelas peraltices.

Na escola, a professora — Sra. Bete, do Colégio Goes Calmon — sacava de uma palmatória reforçada e golpeava minhas mãos, deixando-as inchadas, parecendo que haviam sido mordidas por aquele marimbondo vermelho, que costumávamos chamar de "marimbondo de fogo", que me causava arrepios só de pensar nos efeitos de sua ferroada. No dia seguinte, estava eu lá, ajudando minha mãe, acompanhando-a nas tarefas diárias e, ao final do dia, cansado, aninhava-me ao colo dela, sentindo o conforto do cheiro de mãe. E na escola, num certo ano, pulei de uma série para duas adiante, numa demonstração de merecimento. Na escala proporcional, minha mãe e minha professora representaram valores em minha vida que me ajudaram a ser o que sou hoje, sem nenhum traço ou sinal de desvio ou perturbação mental.

Logo que me mudei para São Paulo, no auge da copa do mundo de 1970, as primeiras coisas das quais cuidei foram matricular-me numa escola e trabalhar. De lá para cá, nunca parei e, após mais de meio século de serviços prestados, sem muita folga, ainda continuo com vontade de contribuir para uma sociedade mais feliz.

Nessa longa jornada, tive variados colegas de escola, de trabalho, de entretenimento, porém a família sempre esteve presente, servindo de esteio e apoio para minha formação de cidadão.

Vejam só, vocês, quando me mudei para São Paulo, morei no Capão Redondo, afamado pela violência. Ficava o dia inteiro na rua e, invariavelmente, voltava para casa carregando algumas marcas pelas brigas com colegas, e nem por isso me envolvi com drogas ou algo de que pudesse envergonhar a mim e aos meus familiares.

Senti a necessidade de contar esses fatos de minha vida para contrastá-los com um episódio que aconteceu, durante a lavratura de um Ato Infracional pela 99ª Delegacia, na qual ocupava o cargo de Delegado titular, por posse e uso de droga. Em plena lavratura da ocorrência, a mãe da adolescente sindicada surgiu em cartório e exigiu a liberação de sua filha para fumar do lado externo do prédio. Ponderamos a impossibilidade de atender ao pedido, quando então ela passou a nos hostilizar, fomentando o tom de rebeldia de sua filha, que até então permanecia passiva, segurando a mão de seu pai, advogado.

Eis os grandes males da sociedade contemporânea: a degradação da família e o uso indiscriminado de drogas. Essas duas vertentes da sociedade moderna contaminam negativamente, de forma inexorável, o nosso futuro. Esses dois sintomas, associados à transição de um Estado totalitário para uma democracia sem parâmetros, desmedida, contribuem, decisivamente, para o que estamos vivendo hoje, e não sabemos até quando esse estado de coisas perdurará, até encontrarmos o equilíbrio necessário para o alcance de uma sociedade justa, fraterna, equilibrada, produtiva e feliz.

Capítulo 46

Os pássaros

Recentemente, em minha casa, assisti, na TV, a um documentário intitulado "A dança dos pássaros" e fiquei maravilhado com o colorido da plumagem e os rituais de acasalamento desses seres tão nobres, pela beleza, elegância, graciosidade e pelo canto, que nos encanta e nos dá a impressão de que são pequeninas obras de arte do Criador, que, num gesto de presentear o mundo, os fez coloridos, inteligentes, elegantes e felizes, alegrando as matas, em contraponto aos ambientes hostis, e mexendo com o nosso imaginário.

E eu cá, com os meus pensamentos, voei com eles para aquela época de minha infância, vivendo na fazenda Serra do Teco, em que tive alguns deles, como coleira, azulão, sabiá, pássaro-preto, pintassilgo.

No entanto, tinha um casal de canários da terra que era especial, pela graça, valentia e pelos cantos que emitia. O macho fazia o canto de estalo e de corrida, de forma prolongada e alta, que parecia que ia estourar os pulmões. Ela fazia o canto de corrida e corrichiava, incentivando seu parceiro.

Eu os tinha desde novinhos e, com o tempo, soltava ora um, ora outro, e eles voltavam para a boa gaiola de repartição, com ninho, feita por nós mesmos, com tala de bambu. Com o passar do tempo, soltava os dois e voltavam para sua casa, onde sempre havia bom alpiste, misturado com milho pisado, casca de ovo, jiló, banheira e recipiente com água, para se alimentarem e se banharem, felizes da vida.

Quando os colocava em rinha com os canários de meus amigos, forrava a gaiola com um pano preto e os levava até um "ponto neutro" para que o enfrentamento não fosse nos domínios de onde viviam e, dessa forma, estabelecêssemos condições iguais para a luta, que durava uns cinco minutos, até meu canário botar o adversário para correr, tornando-o um "buga" (abatido) para sempre, enquanto o vencedor não parava de cantar, celebrando mais uma vitória, ao lado de sua parceira, que batia as asas e cantava o canto de corrida, numa espécie de dança, em reverência ao seu grande parceiro.

Voltava para casa feliz da vida, todo orgulhoso, com meu canário cantando na mão, o que era raro acontecer entre essas espécies de canário-da-terra.

O curioso é que um monte deles coalhava nosso terreiro, atraídos pelos farelos jogados para as galinhas, mas eles não despertavam meu interesse, talvez por serem iguais, comuns, sem comparação à estirpe e à galhardia do meu, que comigo dormia e me despertava com seu maravilhoso canto. Um parceiro inseparável!

Uma vez ou outra, andando pelas matas, de repente eu avistava um dessa espécie e o identificava pelo canto interminável e entremeado de corrichadas. Era raro e geralmente se postava, isolado, no topo da mais alta árvore, encantando seus pares, na intenção de atrair a fêmea que lhe agradasse. E, logo, logo, estava eu lá com o meu canário, que pelo canto e pela valentia atraía o seu oponente, que vinha para cima, para o embate e, durante os sopapos que trocavam entre as talas da gaiola, caía no alçapão e se tornava mais um para a minha coleção, para a minha alegria.

Costumeiramente, deixava meu canário numa árvore existente defronte à nossa casa da fazenda Serra do Teco, onde cantava intermitentemente, alegrando e encantando todos nós com o eco de seu canto, que de longe se ouvia.

Num dia fatídico, fui para a casa de farinha para auxiliar nossa mãe na produção de alimentos, quando, de repente, tudo ficou em silêncio. Achando estranho, fui até a gaiola e lá avistei somente algumas penas e, no alto de uma árvore, o gavião, que rondava por ali há alguns dias, retirava o resto das penas e saboreava do pequeno naco de carne do meu pássaro, arrancando um pedacinho de minha alma. Aquela cena me entristeceu, de pensar que seu lindo canto, desta vez, atraiu um predador, que o arrancou da gaiola, num gesto rápido, sem que ele pudesse se defender, e a mim restou a frustração de não o acudir a tempo.

Assim acabou a minha felicidade. Os dias seguintes foram particularmente tristes e, a partir de então, adquiri outros da mesma espécie para tentar substituí-lo, até que, muitos anos depois, veio um parecido aqui em São Paulo, que ficou comigo, cantando e encantando a mim e a minha família, até que se esvaiu, no prazo de sua curta duração de 12 anos.

Num dia, não escutando seu canto, eu me aproximei da gaiola e não o vi. Achei que tinha escapado, mas de repente o avistei no fundo da gaiola, sem vida. Foi mais um dia de alma entristecida. Parecia ser o irmão daquele que teve o fim trágico de perecer no bico de uma ave de rapina.

De lá para cá, de vez em quando, vislumbro um ou outro cantando em algum lugar, mas prefiro vê-los soltos na natureza, que é direito de todo pássaro, que nasceu para voar e alegrar os céus, cantando e encantando quem tem sensibilidade de apreciar esses seres raros, obra inspirada do Criador.

Aos meus canários-da-terra, dois dos quais nunca esqueci, dedico um capítulo de minha vida. A maioria das pessoas prefere cães e gatos. Eu fico com os cavalos e os pássaros. E você, tem algum animal de estimação?

Capítulo 47

O anjo

Éramos dezesseis, agora somos seis. Dos dez que se foram, cada um deixou seu legado, que merecia aqui ser contado, a exemplo do meu irmão Dinho, que sofreu tanto com um tumor na cabeça, mas estava longe, em Salvador, e só ouvia relato de seu sofrimento, de sua dor.

O senhor Alfredo, meu pai, e dona Maria, minha mãe, partiram, de repente, do mesmo mal: AVC. A minha irmã Beatriz, freira, sofreu por conta da hemodiálise. A outra irmã, Dete, esta por adoção, sofreu um tempo maior, depois de uma queda em que fraturou o fêmur, e foi definhando. O Antonio, conhecido por Tonhão, por fumar durante 50 anos, padeceu de câncer no pulmão por três anos, até se esvair.

Todas as despedidas deixaram marcas indeléveis, no meu coração, na minha alma, no meu espírito, porque achamos que nunca é a hora, que poderia esticar um pouco mais a estada de nossos entes queridos entre nós. Contudo, guardo com mais profundidade a partida de um menino branquinho, com cabelos loirinhos, olhar vivo, mas às vezes lânguido, e sorriso contagiante. Ele queria tanto estar conosco, em nossas brincadeiras pelos campos, que o fazia até quando seu coração, que padecia de uma válvula entupida, determinasse o tempo e o mandasse parar. Ele, porém, insistia em nos acompanhar, correndo pela capoeira, subindo e descendo em árvores, atrás dos animais, até não aguentar mais e ficar roxinho como uma violeta. Então, nós parávamos e ele respirava com sofreguidão, até recuperar a corrente sanguínea, que lhe devolvia aquela feição de anjo, de bochechas rosadas e olhar cândido.

Nós acreditávamos que esse problema congênito era proveniente do choque que nossa mãe tivera com o falecimento, repentino, de nosso pai, quando ela estava grávida de nosso irmão Alfredinho. Assim, ele nasceu com esse problema no coração, que não bombeava sangue suficiente para suas veias e artérias, acarretando-lhe fadiga nos momentos de maior esforço. Por causa desses sintomas de cansaço, dificuldade para respirar e por ficar roxo, meu irmão Alfredinho foi levado ao médico, que diagnosticou que ele viveria até aos 7 anos.

Dito e feito, aos 7 anos, ele faleceu e seu caixãozinho ali ficou o dia inteiro, em nossa casa, em Brejões, para ser visitado, e muita gente apareceu para se despedir desse Anjo. O Alfredinho era o caçula, mais novo que eu, e me fazia companhia todo o tempo. Sua imagem sempre lateja em minha memória e em meu coração, sempre sorrindo, e, nesse estado puro, limpo, sem pecado, foi para um plano mais elevado. E tenho certeza de que de lá ele olha por nós, salvando-nos de tantas situações de perigo, sobretudo a mim, por conta de acontecimentos vividos, durante minha atividade laboral, quando não tinha ninguém, exceto esse Anjo, que me protegeu, que me guardou, que me salvou.

Obrigado, Alfredinho, nosso menino, que agora nos protege, nos ensina a caminhar pelo caminho da humildade, da solidariedade, da paz somente vista e vivida no seu semblante de Anjo.

Capítulo 48

Da mudança

Àquela época, lá pelas décadas de 1960 e 1970, o sonho de consumo de todos nós, nordestinos, era o destino São Paulo, a terra da esperança. De fato, São Paulo foi a melhor opção em minha vida, pelo que se seguiu a partir dessa aventura.

Via de regra, para os mais humildes, quem quisesse se lançar nessa aventura tinha de recorrer ao tal pau de arara. Não, não era técnica de tortura, mormente àquela época, largamente utilizada pela Polícia e pelas Forças Armadas como técnica arcaica, primitiva, bruta, horripilante, para investigar. Estou aqui me referindo ao caminhão com carroceria de tamanho mediano, forrada de lona e com um banco de cada lado, servindo de assento para homens, mulheres e crianças, rumo à terra prometida, chamada São Paulo, onde havia emprego, dinheiro e renda.

A aventura de se mudar da roça para a cidadezinha e desta para a megametrópole São Paulo acarretou mudanças positivas em minha vida e na de meus irmãos e demais familiares mais próximos. O desafio só não foi maior porque alguns de nossos irmãos já estavam por aqui e nos recepcionaram, em suas moradias, cabendo a mim morar com Antonio, o Tonhão, no bairro do Capão Redondo.

Nós, por conta dos esforços de nossa mãe, que vendeu a fazenda, os animais e tudo mais que pudesse transformar em dinheiro, reunimos condições de nos mudarmos de Brejões para São Paulo, de ônibus, e, em pouco tempo, residirmos em casa própria. Mesmo assim, para mim em particular, a experiência foi para lá de traumática, tanto que, até hoje, se me colocam num banco de trás de um automóvel, qualquer que seja o trajeto, prefiro evitar o deslocamento, porque, em geral, não me sinto bem. O desconforto vem em forma de enjoo, suor frio, palidez, agonia. É que eu passei um perrengue danado. Colocaram-me num ônibus da empresa São Geraldo, única por sinal e, para piorar, reservaram para mim um assento nos fundos, próximo do motor, que fazia um barulho ensurdecedor e emitia uma fumaça de óleo queimando, que me causava náuseas, a ponto de vir de lá até aqui, durante 30 horas, percorrendo 2 mil quilômetros, vomitando o que não tinha no estômago, sujando toda a lateral do "busão", de cor predominantemente verde com faixas em metal, que lhe dava certo charme.

Cheguei combalido, pálido, da cor de cera, a esta capital de São Paulo. Inicialmente, morei alguns dias na casa da minha irmã Argene, na região central da cidade. O barulho nos ouvidos do motor de automóveis, das fábricas, da multidão, era contínuo e me deixava a impressão de que estava em outro mundo, fora da terra, no espaço, sei lá onde, mas o fato é que era estranho, barulhento, com multidões andando, apressadamente, de um lado para o outro. Tudo muito diferente daquele mundo de sossego e paz onde passei a minha infância, repleta de felicidade, apesar de vivida sem a presença de meu pai.

Capítulo 49

Do lar provisório

Após um breve tempo, dias depois de minha chegada à capital paulista, deliberou-se, em família, que eu moraria com meu irmão Antonio, também conhecido por Tonhão, que tinha uma casa modesta, mas com boas acomodações, considerando-se os parâmetros de quem morava na roça, onde usava-se candeeiro como iluminação e tomava-se banho em gamela.

A casa de meu irmão ficava no Capão Redondo, hoje estigmatizado pela violência, mas que, naquela época, era um lugar tranquilo, onde eu passava o dia soltando pipa e jogando bola, em terreno baldio, batendo e apanhando e, uma vez ou outra, voltava para casa, com arranhões pelo corpo, em decorrência de briga de rua, com troca de sopapos, envolvendo a molecada, mas resolvendo-se tudo ali mesmo, na hora, pois, no dia seguinte, já estávamos nós a nos entreter, sem espaço para revanchismos, vinganças, violências descomunais, animalescas e descabidas.

No horário do almoço, o Tonhão, meu irmão, passava em casa para almoçar. Era um bom prato, feito pela mulher Magnólia, prima de primeiro grau. O Tonhão, usando a colher como uma pá, consumia todo aquele monte de comida básica, à base de feijão, arroz, bife e farinha, recoberto de graxa, fazendo uma espécie de murundu, que era consumido com muita volúpia. Tomava café, pitava um cigarro e voltava ao batente.

Enquanto ele fazia a refeição, eu me assentava no banco do motorista para ter a sensação de como era dirigir um veículo, particularmente uma Kombi, que deixa a gente bem próximo do para-brisa, com a impressão de que vai bater com a cabeça no vidro. Ele, assim como boa parte dos motoristas, deixava a marcha engatada, de modo que, atentado pela comichão, eu dava a partida, o carro saltava e morria. Também mexia no retrovisor interno, para me posicionar como se fosse o motorista, o que me alcaguetava de que tinha estado ali, mexendo, pois, quando o Tonhão se posicionava, verificava logo a alteração da posição do espelho, mas não me punia, não, uma vez que não passava de uma ou duas tentativas e nada havia acontecido.

Uma vez ou outra, o Tonhão me convidava para acompanhá-lo na entrega de cigarros da Philip Morris a inúmeros clientes — estabelecimentos comerciais, entre os quais, padarias, bares, comércios em geral, cujos donos ou gerentes já o conheciam, e, da mesma forma que o Tonhão se deslocava entre um e outro, com desenvoltura e maestria, realizando manobras, sem diminuir a marcha e dando a impressão de que ia provocar um acidente, o que me causava medo e admiração, também descarregava com ligeireza as caixas, que continham maços de cigarros de variadas marcas, como Marlboro, Shelton, Galaxy, para os mais elegantes e nobres, e L&M e Minister, de arrancar peito, para os consumidores mais populares.

Em geral, permanecia em casa, na companhia da cunhada e prima Magnólia e dos filhos dela de prenome Magda, então com 2 anos, e Alfredo, recém-nascido. Fábio, o caçula, viria ao mundo sete anos depois. No meio da tarde, a Magnólia me mandava à padaria, venda ou quitanda. Não me lembro bem como era chamado aquele pequeno comércio, mas era bem sortido e arrumado, onde eu comprava pão quente, frios, pó de café e marcava-se tudo na caderneta, em nome do Tonhão, que no final do mês quitava o débito, religiosamente, e por isso tinha crédito.

Após o delicioso lanche de todas as tardes — regado a café com leite, delicioso bolo de banana, pão saído do forno, frios, banana-da-terra cozida —, costumávamos assistir às séries *Daktari* (sobre um leão), *Roy Rogers* (um heroico cavaleiro habilidoso), com seu inseparável cavalo e a companheira Paty, *Tarzã*, o rei da selva, com Ron Ely, cujo grito prolongado, para se comunicar com os animais, eternizou-se no cinema e em nossas mentes, bem como filmes da "Sessão da Tarde", seguidos de novela, destacando, por acaso, *Vitória Bonelli*, estrelada pela atriz Fernanda Montenegro, *Eu e a moto*, folhetim meio água com açúcar, mas não me recordo quais eram os protagonistas.

Como pretendo escrever somente aquilo que me vem à mente, não farei consulta ao Mr. Google. Primo pela eventual deficiência, mas nunca pela falta de originalidade do texto.

Foi um tempo bom, mas não podia viver para sempre ali, na dependência de meu irmão Tonhão. Veio, então, a ideia de os irmãos solteiros se reunirem em um só lugar. A essa fase da vida, vou nomeá-la de "Ninho". Falo dela no próximo capítulo.

Capítulo 50

Do ninho

Depois de alguns meses da chegada a essa terra bandeirante, nós, os irmãos solteiros, em número de seis, decidimos morar juntos. Alugamos uma casa, situada na Rua Francisco Estácio Fortes nº 275, no bairro de Perdizes.

Era um imóvel acessível por um portão alto, com duas folhas, pintado de cor verde, que, ao ser aberto, dava para um longo corredor, no meio do qual, à esquerda para quem entrava, chegava-se a um portão, pequeno, seguido de uma escada em declive. Do lado externo, ao final da escada, havia o banheiro.

Entrando na casa, dava-se na cozinha e anexo ficava o quarto, com beliches duplos de cada lado e mais um atravessado, formando uma espécie de quadrado ou "U" — e só.

O imóvel ficava numa pequena vila, composta de 7 ou 8 casas, acessível por uma porta única, de pé direito alto. Ao entrar no corredor, dava-se de cara para uma escada, em aclive, onde havia a primeira residência, sob a qual ficava a nossa casinha, um pouco quente, mas, naquela época, a temperatura de São Paulo era bem mais amena.

Então, ali, nós nos aninhávamos, e ainda tinha espaço para festejarmos, convidando mais gente para comemorações, pois o importante era celebrar a vida e o futuro promissor, com emprego garantido.

Não havia incertezas para quem quisesse trabalhar. Afinal, éramos jovens, saudáveis e não tínhamos preguiça, tampouco receio de enfrentarmos os obstáculos, como a discriminação bem acentuada em relação aos nordestinos.

Capítulo 51

Da primeira escola

Assim que nos mudamos para nosso "ninho", de imediato, a alguns quarteirões de casa, meus irmãos matricularam-me no Colégio Dom Pedro II.

O colégio era grande, imponente, de dois andares e muro baixo, pintado na cor amarelada, meio opaco, complementado por grade de ferro, protegendo o jardim bem cuidado, existente na parte frontal e, do lado oposto, nos fundos, um pátio enorme e salas bem arejadas, com lousas retangulares e bem grandes. Todo esse conjunto arquitetônico dava àquele estabelecimento de ensino um ar aristocrático.

Era uma escola de referência, com corpo docente de alto nível, disciplina rígida e estudo avançado e tive de me esforçar para acompanhar o ritmo dos colegas. Uniformizados, cantávamos o hino nacional, enfileirávamo-nos e colocávamos a mão direita sobre o ombro do colega à frente, formando longas filas para entrarmos em sala de aula.

Não sei por que um tabaréu como eu conseguiu se matricular, sem dificuldades, naquele estabelecimento de ensino de excelência. Seria pouca demanda ou já naquela época não havia tanto interessado a se dedicar aos estudos? Bom, o fato é que eu estava ali, em meio a um punhado de gente desconhecida.

Difícil mesmo foi acompanhar o ritmo dos estudos, mas o esforço compensava o atraso e fui me acostumando, enturmando, agregando-me com os mais fortes, para não apanhar no recreio, lá fora, na saída da escola, onde se acertavam as diferenças havidas, fosse pela disputa da menina mais bonita, fosse para marcar território.

Capítulo 52

Da segunda escola

Lá estava eu, ao pé da escada, que dava acesso ao pátio da escola Global, onde cursava madureza ou, como queira, supletivo, para tirar o atraso nos estudos.

Madureza, para quem não sabe, em ligeira síntese, era uma espécie de "intensivão", por meio do qual você encurtava o colégio, cujo prazo normal de conclusão de 3 anos caía para a metade do tempo. Até hoje não tenho opinião formada sobre esse programa de educação, mas o fato é que, na prática, ele me serviu e pude recuperar um pouco do tempo perdido e chegar mais rápido à faculdade. Na verdade, quem faz a escola é o aluno. Se o aluno é esforçado, compensa a má qualificação da escola.

Mas como estava dizendo, lá estava eu, sentado ao pé da escada, que dava acesso ao pátio da escola Global, situada na avenida Guapira, quando, de repente, desceu uma deusa, passando por nós, colegas da mesma classe, que deixou a todos embasbacados, pela elegância da moça, a desfilar, sobre sapatos de salto fino e alto, em calça justa, de cor pêssego, e bata indiana, colorida, brilhante e curta, deixando ligeiramente à mostra a cinturinha fina, coberta pelos terminais esfiapados da base e das mangas. Uma deusa que iluminou o pátio e foi jogando raios de luz até a cantina. O coração palpitou tanto, que enfrentei minha timidez e, num rompante, disse aos meus colegas, entre os quais o Ceará — muito engraçado, o Willian — que carregava uma flanela, para limpar o painel de seu fusca a todo tempo, e outros da turma, que eu conquistaria aquela garota.

Todos botaram em dúvida meu gesto de coragem e desafio. Eu, que era bem tímido, não sei como, não me contive e fui atrás, colocando-me do lado oposto da cantina, onde lhe ofereci um café. Ela sinalizou positivamente, impulsionando-me a colocar-me ao lado dela, para tomarmos um chocolate quente, batido.

Sei que era época de frio, mas, naquela noite, os deuses fizeram desenho no céu e sopraram uma brisa morna, que nos deixava nostálgicos e entregues aos prazeres da vida, que somente o criador do homem e do mundo pode nos presentear.

O intervalo durou muito pouco e o habitual sinal foi tocado. Eu, num lampejo, não querendo perder aquela oportunidade, perguntei a ela se poderia encontrá-la ao final da aula, ao que, novamente, ela acenou positivamente, com um sorriso largo, trazendo mais brilho aos seus cabelos, levemente ondulados e aos ombros.

Na saída, estava eu lá na rua, atento a tudo e a todos, para não a perder. E quando ela desceu as escadas de acesso à rua, onde eu me coloquei estrategicamente, já me aproximei e simplesmente saímos dali, a pé. Fomos caminhando cerca de 1 quilômetro até chegarmos à casa dela, onde me despedi com um atrevido e suave beijo em seus lábios, o suficiente para não dormir naquela noite.

Quando cheguei em casa, logo fui falando para minha mãe e irmãos que havia encontrado uma princesa e desatei a falar sobre aquele breve encontro. Todos ficaram encantados com a minha experiência, de que havia me encontrado com o primeiro amor da minha vida, aliás, primeiro e único.

Daí para frente, todas as sextas, sábados e domingos, estava eu lá, na casa dela, onde fui bem recepcionado pela sogra, pelo sogro e pelos cunhados. Ali, escutávamos músicas numa radiola e conversávamos sobre assuntos da vida. Costumávamos pegar um "chifrudo", quero dizer, um ônibus elétrico, que nos levava do Tucuruvi até a Estação da Luz e, de lá, íamos a pé até o Centro, onde assistíamos a filmes e bebericávamos em bares estendidos até as calçadas.

Era tudo muito elegante e tranquilo, fosse porque eu estava ao lado de uma princesa, fosse pelo fato de que ficávamos observando o brilho do Vale do Anhangabaú, enfeitado com os *outdoors*, estampando a marca Coca-Cola, com a garota de cabelos enfeitados com flores e vestida com saia rodada e blusinha com mangas fofas, até a metade dos braços, bem coloridas, em carrões conversíveis.

Não entendi por que recentemente todo mundo aprovou o projeto de "cidade limpa", impondo a retirada desses imensos painéis, sob o argumento de que provocavam poluição visual. Eu, particularmente, fiquei muito triste com o apagar daquele brilho e devolvendo aos paulistanos o ar cinzento pelo qual a cidade é conhecida, com sua selva de pedra e cimento armado.

Da segunda escola, o que ficou registrado em minha memória mesmo foi o meu primeiro e único amor e, por isso, dele me ocupei neste capítulo, porque marcou minha vida. Para que fazer alusão aqui a problemas de álgebra, como hipotenusa, se nem sequer fiz uso dela na vida? Deixa para lá, o que importa mesmo é minha musa.

Capítulo 53

Do primeiro emprego

Meu cunhado Souza, palmeirense (ninguém é perfeito), tinha um amigo, conhecido por Marques, ou era José? Bom, vou ficar na dúvida (prometo não perguntar a ele, pois, do contrário, estaria me traindo, por afirmar que escreveria apenas do que me recordo).

Embora tenha dúvida quanto ao nome do meu primeiro patrão, lembro-me perfeitamente do jeito dele: era meio gordo, com papadas firmes no pescoço e pernas curtas, mas trépido, ágil como um guepardo. Ele era proprietário da Copiadora Copiart, que ficava (não sei se ainda está lá) na rua Bráulio Gomes, ao lado da praça Dom José Gaspar.

Nós, os *office boys*, famosos na época — tanto que fomos homenageados por um conjunto musical, que compusera e cantava uma música, cujo refrão era: "eu sou boy, eu sou boy", e que fez um sucesso danado! — ficávamos no segundo andar de um prédio acanhado, em sala retangular, estreita e cumprida, com um banco do lado esquerdo, para quem entra, de modo que ficávamos de frente para o chefe, que se postava atrás de um balcão, sobre o qual permanecia a maldita campainha, a tilintar: prim... prim... prim...

Ali, nós, cinco ou seis garotos, enfileirávamo-nos e éramos chamados por uma campainha acionada pelo patrão. Ele dava o toque e quem estivesse ocupando o primeiro lugar da fila do banco se apresentava e recebia a tarefa de entregar a encomenda, geralmente plantas de desenhos, reproduzidas em máquinas gigantescas, em tamanho natural ou reduzida, conforme o pedido do cliente, transportadas em canudos de variados tamanhos. De acordo com o endereço do cliente, recebíamos uma ficha redonda, de plástico, de cores diferentes, e cada uma delas tinha determinado valor, mensurado pela distância. Ao final do mês, somavam-se as fichas e você recebia o valor correspondente, além de uma premiação extra para o campeão.

Assim, por vezes, você recebia uma ficha de cor vermelha, que valia menos, mas para buscar uma encomenda no andar de baixo, e ficava feliz por isso. Contudo, às vezes, você recebia uma ficha dessa mesma cor para ir até a rua Avanhandava e ficava muito furioso, porque já era meio distante, cerca de 1 quilômetro (ida e volta). O fato é que nessa competição desenfreada, a gente corria muito, não descansava e se alimentava de maneira precária e quando as circunstâncias permitiam.

Lembro-me muito bem de que o Sr. José, Max ou Marques — era esse mesmo o nome dele? —, mandava que eu fosse até a galeria próxima, ao lado, que ligava a rua Bráulio Gomes à rua Sete de Abril, em determinada lanchonete, para comprar um sanduíche de queijo com salame, na chapa, bem passado, de modo que o queijo derretia sobre o salame e tostava a ambos, formando uma crosta de cheiro espetacular. Do lado oposto a esse estabelecimento havia outro, de doces, onde tortas coloridas e de variados sabores enfeitavam a vitrine de vidro, que atraía minha visão e eu permanecia ali, olhando para aquelas guloseimas por alguns instantes, enquanto o sanduíche estava sendo preparado. Voltava para a empresa, sentindo o cheiro do lanche que carregava e com a imagem das tortas coloridas de maçã, morango e outros frutos de nossa terra chamada Brasil. Enquanto era torturado pelos sentidos da visão e do olfato, meu estômago sinalizava de que precisava de algo para parar de roncar.

Entregue o lanche ao patrão, ele abocanhava um quarto dele, fazendo escorregar a gordura pelos cantos da boca, que eram limpos pelo guardanapo colocado num saquinho de papel, usado para transportar o alimento. Eu engolia a saliva e saía para a próxima entrega, só pensando em ser campeão e ser agraciado com uma premiação, que pouco acrescentava ao salário mínimo recebido, mas dava uma satisfação danada em superar os colegas. Eu, com minha ligeireza, e o patrão, com sua esperteza, fazendo-me de máquina e pouco retribuindo.

Em determinado dia, a correria foi tão intensa, que, em meio ao deslocamento, senti tontura e entrei num cartório que havia na rua Quirino de Andrade e fui direto ao banheiro. Ao me olhar no espelho existente no local, senti as vistas escurecerem e rapidamente sentei-me no vaso sanitário, com receio de que fosse desmaiar.

Logo, logo, os sentidos foram recuperados. Olhei-me no espelho novamente e vi que estava bem pálido e suando, mas lavei o rosto e segui em frente, pois só pensava em fazer entregas e acumular fichas. E na minha mente vinha a figura do Sr. José, ou Max, devorando o sanduíche com a volúpia de um leão faminto, destroçando sua presa recém-abatida.

Capítulo 54

Do segundo emprego

Meus irmãos entenderam que eu deveria trabalhar próximo de casa e da escola. Por isso, não sei como, conseguiram um emprego para mim na empresa Comércio e Indústria Saulle Pagnoncelli. Era um moinho, que fabricava farinha de trigo e frios. Ocupava um quarteirão inteiro, cercado de muro baixo, situado na mesma rua da escola, no final dela, portanto, dois quarteirões separavam uma da outra. Para chegar em casa mais dois quarteirões. Então, por alto, do novo emprego até em casa era cerca de 1 quilômetro e o colégio estava no meio dele.

No meu novo emprego, havia dois chefes: um branco, baixo, gordo, atarracado, cujo nome, se não me falha a memória, era Sr. Othon; o outro era o Sr. Lourenço, magro, alto e de pele morena. Usava óculos bifocal repousado na ponta do nariz. Havia também um japonês, encarregado pelo Departamento Pessoal, mas não me lembro do nome dele, apenas que tinha uma letra bonita. As anotações feitas por ele estão na minha CTPS, comprovando o quão ele era caprichoso, criterioso e responsável.

Contudo, interessante mesmo era a secretária desses senhores, de nome Gilda, deveras sedutora, volumosa, glamorosa e perfumada, atraindo a atenção de todos, quando transitava de um lado para o outro, sobre seus sapatos de salto alto, desenvolta, em seu vestido curto e colado ao corpo, e, além disso, era simpática, bonita e elegante. Uma vez ou outra, ela espremia as minhas espinhas e, ao fazê-lo, quase me inebriava com seu perfume. Quando ela ia ao banheiro, retocar a maquiagem ou ajeitar o sutiã, meio que de propósito, deixava a porta entreaberta, realizando nossas fantasias de adolescente.

Eu ganhava pouco e trabalhava muito e, no final do mês, costumava receber parte do meu dinheiro em alimento, geralmente uma peça de queijo e outra de presunto. No primeiro pagamento, destrocei a peça de presunto, aos nacos, com a mão e comendo-o, consumindo de uma só vez quase meia peça de cinco quilos. De lá para cá, comer presunto, nem pensar.

Capítulo 55

Do terceiro emprego

Por indicação de meu amigo Justino, em 1972, fui trabalhar na Construtora Ferreira Guedes, situada no edifício Conde de Prates, existente na rua Líbero Badaró nº 293, 31º andar (andar inteiro) e metade do 27º andar. Voltei, portanto, ao centro da cidade, que já conhecia como a palma de minha mão, tanto que costumava ganhar as competições de "*boy*" mais rápido da firma, utilizando a técnica de deixar os títulos nos bancos, com a gerência, e depois voltava retirando todos, quitados, fazendo isso com abreviação de caminhos, pelo uso de galerias, escadarias, não perdendo tempo.

Aos poucos fui conquistando a confiança do pessoal do escritório e finalmente deixei a vida de "*boy*" para ser auxiliar da Tesouraria, chefiada por Ângela, mulher inteligente, linda e simpática, mas ambiciosa, e talvez por conta desse último adjetivo tenha caído em desgraça. Bem que eu gostaria de saber por onde ela anda, uma vez que tinha por ela um imenso sentimento de amizade e, por isso, doces recordações dela.

Havia também o Luís Paulino, chefe da Contabilidade, o Vladimir, chefe da Tesouraria, o Mário Rocha, chefe de Contas a Pagar, o Milton, chefe de Compras, o Edson, chefe do Departamento Pessoal. Todos mais ou menos no mesmo nível hierárquico e recebiam salário razoável, suficiente para terem casa, carro do ano e vida de conforto, sem extravagância.

Ângela tinha um Chevette, novinho em folha, de cor vinho, com interior todo branco, lindo de morrer. Luís Paulino havia adquirido um Dodge Polara, cinza, clássico, bonito, silencioso e confortável.

No horário do almoço, costumávamos passar o tempo lutando boxe, intermediado pelo Bochecha, apelido do irmão da Ângela. Ao final, sagrava-se um campeão, mas não havia prêmio nenhum, exceto a satisfação da vitória, por um soco casual, bem dado, no queixo do oponente, como foi feito pelo Justino no Stateri, fazendo-o perder os sentidos, para nossa admiração.

Ângela, uma vez ou outra, permitia que reuníssemos *tickets*, cujo montante dava para almoçarmos. Em outras oportunidades, ela pagava o valor do táxi, mas nós íamos de ônibus para ficar com a diferença, utilizada para almoçar. Quando não tinha dinheiro, então o jeito era passar o tempo de duas horas, trocando socos com meus colegas de trabalho. Não gostava de levar marmita, porque, quando a abria, geralmente tinha um aspecto meio sem graça, de cheiro rançoso. Então, no horário do almoço, nós nos enfileirávamos para tomar uma espécie de vitamina, aplicada, por meio de seringa, pelo Sr. Medina, que, por acaso, também exercia a atividade de porteiro. Ele aplicava o suplemento alimentar com a mesma agulha em todos nós, tendo assim nos infectado com hepatite, a partir de Tereza, chefe da Contabilidade, que estava contaminada. Ângela me viu com os olhos da cor da gema de ovo e me liberou do trabalho, e eu me submeti aos cuidados de minha irmã Bernadete, que me acolheu por cerca de uns três meses na casa dela, onde permaneci, num quarto, sem sair de lá, com comida servida por debaixo da porta.

Ângela era casada com Manoel Lameirão, sobrinho do senhor Guedes, dono da empresa, considerado, naquela época, meados de 1980, o homem mais rico do Brasil, de acordo com uma famosa revista, que publicou a foto dele na capa e uma extensa matéria sobre sua riqueza, que contava com uma coleção de automóveis, a começar por um Thunderbird, que de vez em quando eu o apanhava na garagem, situada na rua Riachuelo, lamentavelmente a poucas quadras da empresa e, portanto, não dava tempo de curtir aquele “bichão”, que tinha uma frente tão ampla, que parecia não acabar mais.

Também me enchia de alegria e contentamento buscar o Landau do Sr. Antonino, gerente administrativo, com quem fui trabalhar como assistente e, nessa condição, cuidava da documentação para participação em concorrência. Nos finais de ano, o Sr. Antonino e eu costumávamos dar uma de Papai Noel, distribuindo presentes para um mundaréu de gente, que empilhava os órgãos públicos, como DNER, DER, FEPASA, RFF, DNOCS e tantos outros. Os pacotes e os cartões eram tantos, que alugávamos um quarto de um hotel existente no Vale do Anhangabaú e que até hoje está lá, porém interditado, velho e maltratado como os mendigos que se abrigam sob sua marquise.

Pois bem, a relação dos agraciados pela Ferreira Guedes era enorme e começava pelos superintendentes e diretores de diversos órgãos, que facilitavam nossa vida adiantando sobre o que queriam ganhar. "Chico Solano", diziam eles lá pelo mês de outubro (naquela época, meu nome de guerra era Chico Solano), "cuide de reformar minha cozinha (geladeira, fogão...)"; outro pedia que trocasse a mobília do quarto, e assim por diante. O pessoal não economizava nos pedidos e nós os atendíamos, por isso, éramos bem recebidos em qualquer um desses lugares, com tapete estendido e pagamento das faturas no vencimento, pois, naqueles tempos, um dia de atraso, com inflação de dois dígitos ao dia, representava um grande prejuízo. Tínhamos um bom relacionamento com toda a turma, dos órgãos aos políticos, oferecendo-lhes o que pediam, do bom e do melhor: dinheiro, hospedagem, mulheres, almoços e jantares nos melhores restaurantes da cidade.

Lembro-me bem do La Tambouille, cujo tapete, de pele de carneiro ou algo parecido, cobria nossos pés. Se não me falha a memória, localizava-se na Avenida 9 de julho, e eu gostava de levar o pessoal lá para se fartar de bebidas caras e cardápio refinado. A amizade era tanta, ou melhor, a troca de interesses era tão intensa, que o pessoal já me avisava da publicação do edital e eu já o apanhava no mesmo dia e preparava a proposta comercial, que se antecipava à abertura da proposta técnica, com o preço da obra, já se sabendo, na maioria das vezes, quem ganharia, pois era tudo combinado com antecedência, na sede dos sindicatos dos empregadores do ramo das construtoras de obras pesadas, tais como rodovias, ferrovias, barragens, pontes, viadutos.

A título de exemplificação, posso citar a Usina de Xingó, cuja vencedora, não tenho certeza do nome, pagou cinco milhões de dólares a cada participante, entre os quais estava a minha empregadora, que recebeu essa peita dividida em parcelas de 100 mil dólares mensais, convertidos pelo câmbio do dia, que eu mesmo apanhava, a mando do patrão, lá na sede da empresa, situada no bairro do Jaguaré, e levava o cheque diretamente para uma agência bancária, situada na rua XV de novembro, 233, entregue em mãos ao Sr. Décio, gerente, que me esperava, não importando a hora que eu chegasse, para aplicar o valor em *overnight*, pois, de um dia para o outro, já se ganhavam uns dez por cento.

Foi um período de fabulosos lucros para as construtoras. Tudo era superfaturado. A camada asfáltica de "primeira categoria" era cobrada como de "terceira", esta mais cara por ser espessa, profunda, contrapondo-se àquela, rasa, que logo se desgastava e apresentava irregularidades e buracos na pista. O caminhão bota-fora rodava em linha reta, mas contabilizava que havia dado uma volta na Terra. Isso quando não se permitiam as obras chamadas "filhotes", querendo dizer com isso que todas as obras próximas daquela principal eram creditadas à construtora encarregada, utilizando-se, para isso, de dispositivo contido em algum repositório legal — não me lembro se lei, decreto, resolução, talvez por força de cláusula constante do edital da obra principal.

Foi uma época de ouro para as grandes construtoras, que dominavam o mercado, uma vez que os editais eram feitos de maneira que fossem atendidos por meia dúzia delas, permitindo o conluio entre elas, para que todas pudessem ganhar, e muito, com os constantes conchavos.

Lembro-me de que a Ferreira Guedes era a primeira em liquidez, tanto que o Sr. Guedes não devia nada para ninguém e comprava tudo à vista. Em tamanho, era a quinta, somente atrás da Camargo Corrêa, Mendes Júnior, Andrade Gutierrez, CR Almeida. A OAS começou como uma subempreiteira, empresa pequena, mas, por influência de Antônio Carlos Magalhães, de repente passou a concorrer com as grandes e tornou-se uma das gigantes.

O Sr. Guedes tinha três secretárias, duas delas eram as irmãs japonesas Shizuka e Akemi, ambas lindas, meigas, dóceis, elegantes e bronzeadas o ano inteiro. Não me lembro se já naquela época havia essas câmaras de bronzeamento artificial — mas isso é apenas curiosidade, de menor importância, quando me recordo das constantes investidas da selvageria brutal do opressor machista contra as mulheres indefesas. Essas moças, elegantes e dóceis, sofriam muito com a perseguição do Sr. Guedes. Com certa frequência, a Shizuka surgia, na Tesouraria, esbaforida e chorosa, após escapar das perseguições do Sr. Guedes, no entorno de sua mesa, na ânsia de satisfazer sua concupiscência.

Uma vez ou outra, o Sr. Guedes resolvia dar um passeio pelo escritório e o fazia ostentando um revólver na cintura. Quando entrava em nossa sala, no caso, a Tesouraria, Ângela bradava a ordem do dia nos mandando (eu e meu amigo Justino, também auxiliar de escritório) levantar e nos mantínhamos em riste, quase batendo continência para o General passar.

Lembro-me de muitas coisas boas, tristes e revolucionárias daquela época. Recordo-me de namorar a ex-namorada do Sílvio, filho do patrão, de nome Celina, linda como um anjo. Quando ela chegava à empresa, na companhia do Sílvio, num Landau ou Galaxy, guiado por motorista particular, deixava a todos embasbacados por sua elegância e rosto rosado, emoldurado por um par de olhos azuis da cor do mar. Depois, quando passei a namorá-la, continuei achando-a linda, uma princesa, mas já não me encantava tanto assim. As coisas são assim mesmo: o gramado do quintal do vizinho é sempre mais verde.

Lembro-me também de que a Sônia, filha do Sr. Guedes, tinha uma quedinha por mim e a Ângela estava ajeitando tudo para namorarmos. Contudo, quando fui passear lá na fazenda do Sr. Guedes, em Itapecerica da Serra, na Br-116, algumas senhoras nos acompanhavam, como naqueles filmes do poderoso chefão. Não era honesto de minha parte insistir naquele romance, porque não havia sentimento. Era apenas a aventura de conhecer a rotina de gente rica daqueles tempos. Ela era "meio cheinha" e eu não me sentia atraído por ela. Sônia sumiu por um tempo e depois apareceu com um corpo escultural. O que não faz o dinheiro! Não sei se houve também uma transformação interior, porque ela era bem arrogante. Namorei outra moça também, uma japonesa, linda, de cabelos longos. Certa noite, numa discoteca — maior moda da época —, fiquei com a irmã dela e acabei perdendo as duas.

Recordo-me que saía para almoçar com o Sr. Antonino. Costumávamos frequentar os restaurantes Itamarati, Guanabara, Fuentes, este de culinária espanhola, todos muito tradicionais. Recentemente, por conta da pandemia, o Itamarati estava fechando, mas houve um movimento do pessoal da Faculdade São Francisco para evitar que aquela casa cerrasse suas portas.

Todas as sextas-feiras também, no final do expediente, fazíamos *happy hour* nos restaurantes Lírico e Chandelle, ambos de mesmo nível e mais populares, que ficavam em frente ao edifício Conde de Prates, e só saíamos quando o metrô estava para fechar, à meia-noite. Lembro-me de que às vezes passávamos a noite jogando sinuca e tomando cerveja num bar existente na rua Formosa, no Anhangabaú, ao lado de um famoso cinema, o Olido, que está fechado há muitos anos.

Também me recordo da tragédia do incêndio do Joelma, com dezenas de mortos, assistida pela luneta dos repórteres, que transmitiam as notícias a partir da Ferreira Guedes, de onde víamos as pessoas tirarem as roupas e se aglomerarem no topo do edifício, que devia estar quente como uma frigideira, pois as pessoas corriam de um lado para o outro, na ponta dos pés, até que se amontoaram umas sobre as outras, formando uma pilha de corpos humanos, literalmente cozidos, enquanto um ou dois míseros helicópteros tentavam resgatar alguns poucos. Lembro-me de que uma das pessoas, num ato de desespero, pendurou-se na corda içada por um helicóptero e foi levada até baixar ao solo. Também vi algumas pessoas tentando passar de um andar para o outro e perderem o equilíbrio. E pessoas agarradas às cortinas, que desabavam. Outros, diante da angústia e do sofrimento, lançavam no espaço e estatelavam-se no chão, como um saco de melancia.

Lembro-me ainda de outro incêndio, igualmente trágico, no edifício Andraus, situado numa pequena rua de nome Pedro Américo, que liga a praça da República à avenida São João, de onde havia acabado de sair, após fazer uma entrega.

Recordo-me dos constantes suicídios de pessoas, que se jogavam do Viaduto do Chá. Lembro-me da cavalaria indo para cima das multidões, e os soldados golpeavam as pessoas com os cassetetes deles, causando um alarido, uma bagunça. E eu andava pela praça do Patriarca, esquivando-me dos cavalos, sem entender muito bem o que estava acontecendo.

As manifestações das Diretas Já do Vale do Anhangabaú, sob a batuta do locutor Osmar Santos, também ficaram em minha memória. Dali para frente, comecei a entender um pouco mais sobre sociedade, política, abertura democrática. Lembro de que, no vestibular para ingresso na faculdade, havia uma redação a respeito da anistia, e eu estava vivenciando a passagem por esse gargalo, entre a ditadura e a democracia, o bem maior da vida em sociedade, e, por isso, não se pode transigir, quando se quer atingi-la ou depois de vivenciá-la. Temos de lutar para nunca perder esse bem precioso — a liberdade, tanto quanto a luz, a água, o ar.

Capítulo 56

Do emprego derradeiro e suas reflexões

Há mais de trinta anos ingressei na carreira de Delegado de Polícia, que se iniciou em 1991 (DP2/91) — para quem queira conferir na publicação do Diário Oficial. Está lá, sem falta de modéstia, que fui o terceiro colocado neste certame.

Mormente tenha sido um dos primeiros, merecendo até distinção honrosa por ocasião da entrega da carteira e do distintivo, quando do início do exercício, entregaram-me um ofício para apresentação no 80º DP, na Vila Joaniza, recém-inaugurado. Ao chegar ao aludido Distrito Policial, incumbiram-me de presidir a equipe "B" de "bravo", que acabara de ser criada.

Pois bem, meu escrivão, Valdir de Almeida, era alcoólatra e, a cada BO realizado, ele convidava a parte para pagar uma cachaça, até que lá pelo meio-dia estava "caindo pelas tabelas", e eu o dispensava e me encarregava de fazer tudo, sozinho. Preferia o acúmulo de tarefas a receber críticas dos meus superiores hierárquicos, policiais militares, e principalmente da população. Como diz o ditado: "Melhor sozinho do que mal acompanhado".

Naquela época havia presos nos distritos e, apesar de permanecermos atentos (inspecionando a carceragem, "batendo grade", ouvindo paredes e inspecionando os "jumbos", monitorando as visitas), sempre ocorria fuga, por meio de escavação do piso, da parede ou do teto. "Cavalo doido" era outra modalidade, porém mais assustadora. Imagine 200 presos correndo pela frente da Delegacia, apanhando você de surpresa. Havia também a fuga dissimulada, isto é, no dia de visita, o preso tentava fugir vestido de mulher, ou a visita, de características físicas semelhantes, trocava de roupa e ficava no lugar do preso, ou, ainda, o detento se colocava em saco de lixo, para ser deixado do lado externo.

Não havia nenhuma consequência de ordem administrativa. Ainda que não houvesse punição, eu instaurava inquérito, solicitava mandado de busca e prendia os fugitivos, para surpresa deles, quando se deparavam comigo e a equipe, às 6 horas da manhã, na porta de suas casas. Cada fuga e captura daria um capítulo, pois todos os episódios foram espetaculares, mas tomaria tempo do qual não disponho, na medida em que demandaria pesquisas acerca dos registros feitos. À guisa de ilustração, vou fazer breve referência de uma dessas diligências de cumprimento de mandado de busca e apreensão.

Certa vez, às 6 horas, bati à porta da casa de um fugitivo. Na porta de entrada, havia grades de ferro e vidro fosco seguidas de uma escada em aclive. Depois de muito insistir em tocar a campainha, percebi a aproximação de alguém, que veio até perto da porta e retornou, rapidamente, escada acima e, em seguida, retornou para falar comigo. Era uma mulher que usava um roupão. Então, eu lhe indaguei por que não abrira a porta no primeiro momento. Ela me respondeu que cuidou antes de se compor, uma vez que estava vestindo camisola. Após exibir o Mandado de Busca e Apreensão, eu a acompanhei inicialmente no primeiro pavimento, onde havia um berço com um nenê, de olhos abertos e bem esperto. Eu e minha equipe fizemos busca naquele piso superior e no segundo, mas nada encontramos. Tudo foi revirado, incluindo a caixa-d'água e nada. Já eram 8 horas e meu pessoal, talvez pelo cansaço, visto que havíamos trabalhado a noite inteira, e pelo sol, a esquentar nossas "moringas", intensificando o sono, insistia para que fôssemos embora. "Vamos embora, doutor, não tem nada aqui não", dizia a equipe. Contudo, quando eu estava subindo as escadas, escutei um barulho como se algo tivesse caído, mas meio abafado, estranho. Então, antes de deixar o lugar, olhei para fora, de uma janela lateral, e me deparei com um galpão, feito de madeira, comprido e baixo. Perguntei sobre aquele imóvel à dona da casa, que não soube me responder do que se tratava. Então, perscrutei a vizinhança, até que alguém me explicou que se tratava de um galpão antigo, desativado, cujo acesso se dava por meio de um salão de cabeleireiro, vizinho, que só abriria às 10 horas. Permanecemos ali até a dona do salão chegar. Quando chegou, ela nos disse que, de fato, havia um fundo falso na sala de seu comércio, por meio do qual se acessava aquele galpão de serventia para lá de enigmática. Então, arrastamos os móveis, puxamos o tapete e um alçapão se revelou. Abrimos a tampa e entramos pelo buraco, eu à frente, iluminando o caminho com um isqueiro, e o investigador Antunes, atrás, de arma em punho. O local era baixo e bem comprido, de modo que o revistamos meio de cócoras, até que, ao final daquele espaço sinistro, cheio de teias de aranha, visualizamos uma viga de sustentação e, atrás dela, o sujeito, escondido. Ele logo se ajoelhou, colocou os braços para cima e exclamou: "O senhor me achou aqui, doutor!". Então, algemamos o preso e saímos para a rua, onde já havia uma multidão de curiosos, que nos aplaudiram pelo feito da captura do fugitivo.

Em outro plantão, num dia de domingo, em que eu substituía um colega, fui visitado de surpresa, logo pela manhã, pelo Delegado, Dr. José Antonio Carlos de Campos Gomes, que me alertou de que o investigador da equipe, a caminho do trabalho, havia praticado ou, pelo menos, havia sido denunciado de que praticara, o sequestro de alguém. Por conta disso, quando ele chegasse ao trabalho, era para ouvi-lo e recolher dele a carteira funcional, a arma, o distintivo e as algemas, como também montar um expediente e enviá-lo para a Corregedoria. Assim foi feito, cumpri as ordens e dispensei o policial. O outro colega dele estava no hospital, escoltando um preso. Então, na Delegacia, ficamos eu, o escrivão e o carcereiro Gil. No momento de "pagar o jumbo", o escrivão deu apoio ao carcereiro, enquanto eu permaneci no plantão, uma vez que estava atendendo a uma ocorrência apresentada por policiais militares. Daí a pouco, o escrivão veio correndo até mim. Ele estava pálido e trêmulo e disse: "Doutor, pegaram o Gil". Enquanto ele balbuciava mais algumas palavras sobre o arrebatamento do carcereiro, os presos, em torno de 200, surgiram no plantão, com o Gil à frente, com uma arma apontada para a cabeça dele. Eu me protegi atrás de uma parede, que divisava o plantão de outro cômodo, que servia de sala para lavratura de flagrante. Saquei a arma e, com o auxílio dos policiais militares, lembrando que um deles portava uma metralhadora, após negociação, obrigamos os presos a recuarem para dentro da carceragem, levando com eles o Gil, que permaneceu como refém, iniciando-se uma rebelião, que durou mais de 30 horas. Enquanto eu passava por esse perrengue, o meu colega, permutante, foi jogar em um bingo e acabou ganhando um automóvel. Fazer o quê, questão de sorte.

Em outra ocasião, já no final do expediente diurno, quando estávamos "molhando a garganta" no boteco ao lado do 43º DP (todo DP tem um boteco ao lado), ouvi o costumeiro alerta "fuga de presos!" e, logo, passaram cerca de 20 deles, correndo, todos sujos de barro, com uma muda de roupa em saco plástico, para que pudessem se trocar, assim que alcançassem alguma torneira disponível para se lavarem. Fui atrás deles, de arma em punho, com um policial de minha equipe, meio obeso, correndo atrás e atirando, e os projéteis passavam zunindo aos meus ouvidos. Mais à frente, bem próximo deles, ao efetuar um tiro de alerta, para o alto, seguido de um grito de ordem, todos eles pararam, deram-se as mãos e retornaram para a carceragem. Após a contagem, faltava um, que conseguiu se jogar para o quintal de uma casa, fato do qual tomamos conhecimento por meio do relato dele mesmo, quando foi capturado em data posterior.

Certa vez, durante a madrugada, em minhas rondas noturnas e solitárias, eu me deparei com uma cabeça que despontava no meio do pátio externo da Delegacia. Ordenei que retornasse, de ré, para dentro do "X", e assim foi feito, um após o outro, com certa dificuldade, pois havia um gordinho que ficou meio entalado e levou um tempão para todos se deslizarem de volta ao xadrez.

Barulho ou muito silêncio eram motivos para desconfiança de que os presos estavam tramando algo. Então, realizávamos inspeções com as devidas cautelas. Um policial, desarmado, entrava para "bater grade" e outros dois, armados, ficavam para fora da tranca. Diante de qualquer novidade, solicitávamos apoio. Se verificássemos que, em plena madrugada fria, gelada, havia "nego" de camiseta regata, suando, era sinal de que estavam trabalhando a todo vapor. Assim, quando a chefia chegava, vasculhávamos o xadrez e, "batata", estava lá o túnel, com vários sacos, improvisados com lençóis, cheios de terra. Evacuávamos todos os presos daquela cela, que ficava interditada, até que se procedesse aos reparos. Era muito frustrante, pela manhã, nos depararmos com "Tereza" dependurada nos fundos da carceragem e o "X" ocupado somente com aqueles presos que não quiseram fugir.

O fato é que a existência de cadeias superlotadas em Distritos Policiais representava uma bomba-relógio, pronta para explodir. Imagine, você, cerca de 200 homens, de toda ordem de periculosidade, sendo custodiados por um delegado, dois investigadores, um escrivão e um carcereiro, os quais exerciam as atividades rotineiras de atender ao púbico, realizar os registros das ocorrências, tocar os inquéritos etc. Uma vez ou outra, um preso era morto por seus colegas de cela. De repente, o corpo era jogado na galeria. Então, pedíamos apoio e compareciam os policiais do Garra e do GOE, grupos de policiais operacionais e muito preparados para o confronto armado, aos quais presto minhas homenagens na pessoa do investigador Renzo, que costumava fazer uso de um taco de beisebol para controlar os presos. Em questão de horas, eles colocavam ordem na cadeia, com os reclusos nus e de cócoras no meio do pátio, enquanto se arrecadavam as armas improvisadas, feitas com grades de ferro recortadas, que se transformavam em verdadeiros punhais, além de armas de fogo, que eram intrujadas por carcereiros, ao preço de dez mil reais a unidade. Tudo era arrecadado, e os próprios reeducandos, nus, passavam por um corredor polonês formado pelos policiais armados até os dentes, para atirarem seus pertences no pátio da Delegacia, formando um amontoado de peças de vestuário, toalhas, utensílios domésticos e de higiene. E, ao final da rebelião contida, os custodiados entoavam o canto "Ilariê", perpetuado pela apresentadora Xuxa, enquanto areavam a carceragem com detergente, até tirarem aquele cheiro de cadeia.

Prestei meu labor junto ao Decap, Deic e Denarc. Em uma conta simples, concluí mais de 4 mil inquéritos policiais, com o desbaratamento de inúmeras e perigosas quadrilhas. Sobre as ocorrências, as mais variadas possíveis, renderam relatos de toda natureza, que poderiam rechear um livro de mil páginas, sem repetir um repertório, mas vou me conter em enumerar algumas delas, apenas a título de ilustração desta ligeira narrativa, para não cansar o leitor.

Cada circunscrição de uma Delegacia tem suas peculiaridades: numa, predomina o crime de cunho patrimonial, em outra, o tráfico de droga e, numa terceira, o crime contra a vida. Costumo trabalhar com respaldo do Ministério Público e do Poder Judiciário. Caso essas instituições não me deem a necessária segurança para os passos a serem dados numa investigação, trato logo de encurtá-la com o oferecimento de relatório final. Essa forma de trabalhar evitou que eu tivesse problemas durante o exercício de minhas atribuições, pois o que não falta é gente de toda ordem querendo prejudicar você em represália à sua atuação, que, via de regra, atinge o bem mais precioso da pessoa — a liberdade — e, secundariamente, o patrimônio. Daí porque, mesmo atuando na ponta, no fronte, com prisão de delinquentes de toda ordem, nunca tive uma mácula em minha ficha profissional, embora, como já disse, as tentativas para me prejudicarem foram muitas, mas sempre sob o sentimento de represália ou de macular o bom serviço da Polícia Judiciária. Os casos apresentados numa Delegacia de Polícia, sobretudo à noite e nos finais de semana, contiveram riquezas de detalhes, que poderiam perfeitamente ensejar infindáveis contos, todos muito interessantes, mas, como já disse, teria de me debruçar sobre cada registro feito e talvez isso não seja mais possível, uma vez que, depois de cinco anos, toda a papelada arquivada é destruída. A variação da natureza e das circunstâncias das ocorrências dá singularidade a essa profissão, tornando-a uma das mais apaixonantes, na medida em que não existe um dia igual ao outro, e somente por essa razão já se pode deduzir que ela é como cachaça oferecida em doses diárias: vicia e você se envolve de tal maneira que não dá mais para sair, ainda que, por alguma decepção, aqui ou acolá, você queira fazê-lo.

Havia um Delegado-Geral, que sabedor da minha paixão pelo Inquérito Policial, encarregou-me de sanear os acervos cartorários das Delegacias da 6ª Seccional e lá fui eu cumprir essa missão hercúlea, mas prazerosa, a ponto de trabalhar aos sábados, domingos e feriados, sacrificando minha mulher e meus filhos. Então, nos finais de semana, em casa, costumava despachar de forma que saneava cerca de 50 inquéritos, até que aquela determinada Delegacia reduzisse seu acervo cartorário para 300 feitos, de modo que os novos inquéritos pudessem ser inaugurados e concluídos no prazo legal, esperado, de 30 dias, prorrogável por mais 30 dias, como manda a lei.

Sempre fui sozinho, acreditando que meu potencial era suficiente para me garantir na atividade de Polícia Judiciária. Então, nunca fiz como a maioria dos colegas, que se integra a uma família e a segue, protegendo-se uns aos outros. Essas turmas variavelmente mudam de

Delegacia, Departamento, mas estão mais garantidos. Eu preferi me envolver com o lugar. Costumo dizer que na Polícia sou gato, e não cachorro. A minha vinculação é com o lugar. Assim, a cada nova administração, por eu não ser da turma, como se diz na Polícia, "engraxavam meus patins" e eu tomava aquele "bonde". Chegava em casa chateado, desabafava com minha mulher, visto que não havia critério de reconhecimento, de produtividade. Nada disso interessava muito, porque o que vale mesmo é ser amigo do rei, e, como eu não era, o "patinete" era engraxado e lá ia eu parar onde ninguém queria estar. Não era problema, eu, por ser jovem, cumpria minha missão no novo lugar e me ambientava, rapidamente, àquela situação. Quando havia flagrante complexo, dobrava o plantão. Quando havia desdobramento de diligências, ampliava a jornada. Quando havia morte na cadeia, também prolongava o expediente, mas sempre voltava para casa satisfeito, pela sensação do dever cumprido de servir à sociedade. Talvez tenha sido ingênuo de procurar cumprir bem e fielmente o juramento de servir ao povo, esquecendo de mim mesmo ou relegando os interesses próprios, para cuidar dos outros, sem ter lá algum reconhecimento.

No início dos anos 1990, a violência proporcionalmente era maior. Costumava atender, num só plantão, a mais de um local de homicídio doloso, simples, duplo, triplo, quádruplo. A maioria estava associada à disputa por local de tráfico de drogas.

Lembro-me de que certa vez, numa madrugada fria do meio do ano, estava eu lá, ao lado de um corpo estendido no chão, à espera da perícia, quando, de repente, em meio à penumbra, surge do nada um senhor negro, perguntando-me se poderia ver o corpo, que estava coberto por jornal. Eu aquiesci, e ele levantou, devagarinho, o papel, deixando à mostra a cabeça do defunto. Logo ele fez o sinal da cruz, enquanto exclamava: "Ainda bem que é branco", e se retirou, sumindo no meio da neblina, que cobria o matagal. E eu, que perco o amigo, mas não a piada, exclamei: "Aí, compadre, está cheio de 'malas' na família, né!!!", rsrsrs... Aquele senhor sumiu em meio à penumbra, sem sequer esboçar uma reação ao meu comentário.

Ainda por amostragem, cito aqui uma passagem, que é um misto de cômico com trágico. Vejamos. Num desses locais de crime, o policial militar, que geralmente nos acompanhava até o palco do acontecimento, examinando uma massa grudada na parede de um muro, junto ao corpo que jazia no chão, com a cabeça estourada por um balaço, muito provavelmente de espingarda calibre 12, perguntou-me: "Doutor, como é mesmo o nome desse material impregnado na parede?". E, antes mesmo de responder-lhe, com o peito estufado, vangloriando-se de seus conhecimentos, ele tratou logo de responder a si próprio, arrematando: "Já sei, já sei. É 'massa encefalíca' ", ao que aquiesci, sem fazer a devida correção ao equívoco gramatical, que me divertiu, mesmo diante daquele ambiente macabro.

Em outra ocorrência dessa natureza, o policial militar veio, durante a madrugada, avisar-me de um homicídio, e o corpo, conforme ele declarou, estava estendido na rua M. C. Conel. Como não a achei na lista — naquela época era lista telefônica, tão espessa, que a utilizávamos para dar na cabeça de alguns vagabundos que ousassem causar desordem no plantão policial —, dirigi-me ao local, na companhia do miliciano, quando, então, me deparei com a placa indicativa do logradouro: rua McConnell, fazendo-me rir pelo deslize do colega de farda, embora diante de um "boneco" bem estragadinho pelos buracos de balas.

Em outro local de homicídio, o corpo estava alojado num buraco, que parecia ser uma espécie de poço artesiano, inacabado. Então, meu investigador Antunes desceu naquele poço, arredondado, deslizando-se pelas paredes, e, mediante a utilização de uma corda, laçou o defunto, rodeou a corda pelo próprio tórax e retirou o moribundo de lá, permitindo-nos fazer um exame mais amiúde da fisionomia, bem como de suas vestes, traços específicos e eventuais documentos que pudessem identificá-lo, ou pelo menos lançar mensagem na rede para que eventuais interessados tomassem ciência do infausto acontecimento.

Lembro-me de que, ao fazer visita a um local de morte, presenciei um senhor, da terceira e boa idade, adiante dos 60 anos, deitado na cama, com os dois braços estendidos, voltados para as laterais, onde havia um balde de cada lado, recobertos de sangue e, num deles, uma gilete, utilizada para cortar os pulsos. Na casa, estava a viúva, nova, linda e bem trajada, com pressa para retirar o defunto da casa. O bilhete, deixado em local estratégico, aclarava que o moribundo, em vida, meteu-se com mulher nova, cara, vaidosa, até que ele não pôde mais sustentar o luxo, que certamente a prendia a ele e, para não suportar a perda, o abandono, a traição, a indiferença, preferiu rasgar o bilhete de passagem por esta vida.

Em outro local, havia uma família inteira, bem numerosa: o homem, a mulher, algumas crianças (não me lembro quantas), papagaio, gato, cachorro, todos mortos. Na casa de pau a pique, com as fendas lacradas por pedaços de pano, num dos cantos do cômodo único, havia uma lata de metal, cheia de carvão, já apagado. Era inverno e o frio estava intenso. Por isso, a família resolveu se aquecer, acendendo carvão, que emana monóxido de carbono, sendo inalado por todos, que perderam os sentidos e, em seguida, a vida. Se não me engano, francesas vaidosas preferem utilizar-se desse método para tirarem a vida, uma vez que os cadáveres, por atuação do gás inspirado, tornam-se róseos, bonitos.

Suicídios, via de regra, eram por enforcamento, mediante um laço improvisado numa viga qualquer da casa. O motivo era droga, abandono, falta de perspectiva. Entre tantos, vou citar dois desses casos, à guisa de ilustração: o primeiro, porque a vítima era psicóloga e sobre a mesa havia várias anotações em fichas de pacientes. Por que uma pessoa, que avalia a vida dos outros, não reúne condições de salvar a si própria? O segundo, porque, em pleno domingo, ao final do dia, em bairro nobre da capital paulista, uma mulher, de classe média alta, saudável, bonita, com os filhos, voltando da praia, bronzeados, depararam-se conosco em seu apartamento, guardando o corpo do marido, que, após ingerir cervejas, pendurou-se pelo pescoço no vitrô do banheiro. Lembro-me de que a viúva disse: "Ele não poderia fazer isso comigo dessa forma". É muito triste saber das dores do mundo. Ele, embora tivesse um bom currículo, estava desempregado fazia um bom tempo e certamente não suportou as constantes humilhações e indiferenças da família, tanto que não a acompanhou na viagem ao litoral e resolveu vingar-se da mulher, que tanto amava. Faltou diálogo, compreensão, solidariedade. Em geral, o suicida deixa um bilhete, facilitando nosso trabalho. Portanto, era a primeira coisa a se fazer — procurar o pedaço de papel sobre algum móvel, com a despedida e o motivo de o sujeito avaliar a vida, a si próprio e ter chegado à conclusão de que não valia a pena continuar realizando a travessia, devolvia o bilhete de passagem e voltava.

Havia casos de homicídio seguido de suicídio, quando então somente a reconstituição para chegar à conclusão de como tudo aconteceu, antes e durante a tragédia, que deu fim àquelas pobres pessoas, perdidas, pelos caminhos tomados. Numa dessas madrugadas, fui até o local do homicídio. Lá chegando, deparei-me com uma criança com a cabeça estourada por uma bala de grosso calibre. A criança estava sentada no banquinho, preso ao banco traseiro do automóvel. E uma das mãos segurava um sorvete, e a boca trazia resquícios do alimento que acabara de ter sorvido. O que ocorreu foi que um traficante se colocou à espreita, aguardando a passagem do veículo de seu rival, para encher de bala o condutor. Naquela hora de sempre, por ali passou um veículo similar e o "noia", sem pestanejar, disparou um monte de balas em sua direção, acertando a cabeça da criança, filho de um casal, que estava em desespero. Ainda naquela madrugada, descobrimos o barraco onde o autor do crime morava, nós o cercamos e, em seguida, o prendemos, deitado na cama. Ele tomou um susto e tentou correr, mas foi contido e, como disse, preso. Passado algum tempo, recebi um envelope do Juiz Corregedor, escrito "reservado". Era para eu me apresentar em determinada data e horário, perante sua Excelência, que apenas cumpria sua atribuição de ouvir minha versão, a requerimento do membro do Ministério Público, a respeito de possíveis sinais de lesão física no facínora.

Em outra oportunidade, o diretor do Decap, Dr. Gerson de Carvalho, da maior galhardia, chamou-me ao seu gabinete. Ao me receber, ele disse: "Solano, fui encarregado de te mandar para trabalhar no pior lugar do mundo". Em seguida, ele me perguntou: "Onde mesmo você está trabalhando?", e eu respondi que era no 92º DP — Parque Santo Antônio. Então, ele disse: "Volte para lá, você já está no inferno", e se desmanchou em gargalhadas. Essa digna autoridade passou a conversar comigo, inteirando-se do meu comprometimento com a Polícia Civil e acabou que saí de lá com a promessa de ele me indicar para promoção. Tudo aconteceu porque o pai matou o filho de 1 ano, para se vingar da mãe, que, após a separação, entrou com Ação de Alimentos, em nome da criança. Pedi a prisão do sacripanta, que fugiu. Quando a mulher saía da Delegacia, foi abordada por um repórter desses programas sensacionalistas, cujo apresentador, muito famoso, interpretando mal o que ela declarou, jogou no ar que a Polícia não daria proteção aos familiares e, em seguida, acionou o Ministério Público, surgindo na tela um de seus membros, muito midiático àquela época, que não perdeu tempo para tirar proveito, declarando que providenciaria a proteção necessária aos demais membros da família enlutada, o que, por sinal, não aconteceu, visto que a família não queria alterar sua vida cotidiana, o que ocorreria, caso se sujeitasse a abrigar-se numa casa no centro da cidade.

Uma vez recebi uma denúncia de que "Nego Beg", destemido bandido, estava num campo de várzea, jogando bola. Fomos até lá e o detivemos, enquanto ele batia uma pelota. Foi fácil porque a arma dele estava escondida num buraco do muro que ladeava o terreno baldio, que servia de campo. Aí pensei comigo: "Esse cara vai dar problema na cadeia". Que nada, a partir do dia em que ele entrou na carceragem, nunca mais tivemos problema. Era uma ordem só. Ladrão bom é assim, não dá trabalho para a Polícia. Sabe que, a qualquer momento, pode ser apanhado e terá de cumprir sua pena, pagar pelo que fez, sem choramingar. Sabe que ele está do lado oposto ao da Polícia. Cada um com seu papel e, por isso, não se vinga de quem o prende. Não pode é esculachar, bater na cara, fazer mal à sua família. Aí pode ser que o policial leve alguma invertida, mas, se seguir a lei, não haverá represália. Também não pode é policial passar para o lado de lá, sob pena de não ter retorno.

Em determinado plantão, um policial de minha equipe não compareceu para trabalhar. A mulher dele disse também que não pernoitara em casa. Após algumas diligências infrutíferas, fiz um boletim de ocorrência de "desaparecimento". No dia seguinte, recebi um telefonema do Delegado da Cidade de Taubaté para dizer que dois cadáveres, parcialmente queimados, foram encontrados à beira de um campo de várzea daquele munícipio e, dada a descrição física, das vestes, poderia ser o policial, que trabalhava no 43º DP. Rumamos para lá e não deu outra, era ele mesmo. Investigando o caso, chegamos aos malfeitores, que confessaram a prática dos homicídios, não sem antes torturar os dois policiais (um do 43º DP e outro do IIRGD), mediante tiros nas rótulas dos joelhos, corte das línguas e olhos furados. O fato é que esse policial do 43º DP tinha *expertise* em recuperar veículos roubados/furtados e os detectava pelos traços externos, em compensação, recebia dez por cento do valor do veículo, pago pela seguradora, que à época oferecia essa recompensa. Certo dia, contudo, o policial e seu colega de outro departamento depararam-se com um veículo "caráter geral", ocupado por dois indivíduos. Não satisfeitos em apenas receber a indenização da seguradora, exigiram mais alguma vantagem dos averiguados. Então, rumaram até a casa de um deles, em Itaquaquecetuba. Lá, os "malas" ofereceram um monte de coisas (eletroeletrônicos), mas os policiais queriam vantagem em espécie. Assim, enquanto um dos bandidos saiu para buscar a peita, o outro ficou sob a guarda dos policiais. Dali a pouco, um terceiro chegou ao imóvel, à procura daquele que havia saído, ao que a dona da casa disse que ele não estava, mas que não demoraria a retornar. Então, o sujeito perguntou se poderia entrar na casa para esperar pelo amigo e obteve permissão. Assim, enquanto aguardavam a volta do dono da casa, tomavam café, feito pela mulher, aquele que havia acabado de chegar, rodeou a mesa e efetuou um disparo em cada policial. A partir de então, as torturas se sucederam até culminar com as mortes e a posterior desova dos corpos em terreno baldio, bem como o sumiço das identidades e dos distintivos dos policiais, que foram recuperados, parcialmente queimados, em bolsas jogadas numa latrina, indicada pelos bandidos, identificados e presos.

Havia um policial nosso, bem durão com os bandidos, e todos tinham medo dele por causa dessa autoconfiança. Certa vez, esse policial, conhecido no meio como "Cidão", acompanhado de seu sobrinho, entrou num boteco de uma favela, realizou uma "geral" nos caras que estavam ali e encontrou uma arma de fogo com um deles. Deu uns petelecos na cara do garoto e o liberou, apossando-se da arma e permanecendo no local, tomando uns tragos. O garoto, que era menor, foi embora, mas logo retornou, acompanhado de vários outros da "quebrada", cercaram o Cidão e o encheram de bala, acabando com sua vida ali mesmo, e o sobrinho dele foi baleado, mas, por milagre, sobreviveu, para contar a história como aqui narrada.

É, meu amigo, quem morre afogado é quem sabe nadar. Confiança demais faz mal à saúde. Dias depois, quando estávamos investigando o caso, em paralelo ao DHPP, um colega de Guaxupé, em Minas Gerais, me ligou para dizer que os autores confessaram o crime e estavam na "mão". Fomos até lá e os trouxemos, colocamos no papel e encaminhamos o caso à apreciação da Justiça, como deve ser feito, a despeito de que uns ou outros queriam fazer Justiça com as próprias mãos, mas essa, de longe, não é a solução.

A barbárie remete a outra, e esse estado de coisas leva à selvageria e não ajuda em nada a alcançar a ordem pública. O máximo que permitia, e até incentivava, era colocar pichadores de joelhos sobre grãos de milho, enquanto entoavam o hino do glorioso Alvinegro Praiano. Ao final do expediente de doze horas, eles, os pichadores, com o mesmo material que usavam para emporcalhar o prédio alheio, eram pintados dos pés à cabeça e liberados. Gostava muito da solução imediata para aqueles casos de menor potencial ofensivo. Assim, era meu proceder.

Nos casos de violência dos maridos contra as esposas, quando elas aportavam na Delegacia, geralmente trazendo na corcunda uma criança e outras tantas puxadas pelas mãos, determinava que a equipe levasse a mulher com as crianças para casa e trouxesse o marmanjo para passar a noite conosco, liberando-o às 8 horas, depois de aconselhá-lo e advertir que, da próxima vez, seriam adotadas medidas judiciais que poderiam levá-lo ao cárcere.

Numa dessas ocorrências, no meio da noite, fria para danar e com vento de açoite, a equipe, seguindo minha orientação, saiu com a pobre mulher e sua prole para fazer a troca, mas, dessa vez, voltaram com ela e a criançada. Disseram-me que não tinha dado para atender ao que eu havia determinado. Censurei-os pela falta de imposição da autoridade, representada pela funcional e pelo distintivo, que o Estado lhes conferia. Então, disse-lhes, um fica e outro vai comigo. Lá chegando, num barraco, à margem de um esgoto a céu aberto, em paralelo à avenida Yervant Kissajikian, na Vila Joaniza, deparei-me com um indivíduo, coberto dos pés à cabeça, em cama improvisada, que se estendia por todo o cômodo. Chamei-o em voz alta, e nada. Cutuquei-o com o cano da espingarda calibre 12, e nada. Então, dirigi-me à parte externa, onde havia uma torneira e um balde. Enchi de água, que estava tão gelada como o vento daquela madrugada, e a despejei sobre a cabeça daquele indigitado. Então, ele começou a se levantar e, meio arqueado, já que não cabia ereto dentro do barraco, disse-me que não me acompanharia, como havia ordenado.

De imediato, lembrei-me da história do *Gigante do pé de feijão*. Lembrei-me também de que uma vez, no extremo sul do país, lá para o lado do Chuí, quando escoltava caminhões para complementar a renda, eu me hospedei numa fazenda que estava inserida em roteiro turístico. Em bate-papo com o dono, ele me convidou para visitar uma "criatura", que habitava em sítio próximo. A porta da casa estava aberta e, como ninguém atendia, simplesmente entramos e nos deparamos com ele, deitado. Propositadamente, causei um barulho qualquer, provocando o despertar do sujeito. Então, ele se levantou e, meio arqueado, saiu da casa, passou a me contar causos, enquanto andava pela lavoura que fez no entorno de sua moradia. Disse que estava separado e vivia sozinho, mas recebia visitas, que, assim como eu, queriam constatar a existência daquela "criatura". Ele era deveras alto e forte, do tipo "Hulk". Descalço, começou a andar, mostrando as plantas e os animais, dos quais se servia para sobreviver naquele ambiente, sem luz e água, longe de tudo e de todos. Lembro-me de que, pelo caminho, ele encontrou uma melancia e a chutou. O fruto se despregou do caule, arrebentou-se num pé de coco e dividiu-se em pedaços, que nós comemos ali mesmo.

Essas foram a visão e as lembranças que tive ao me deparar com aquele cidadão se levantando da cama. Então, pensando bem, eu o adverti das consequências de maltratar uma mulher, deixei uma intimação para ele comparecer no plantão diurno, seguinte, voltei para a Delegacia, registrei a ocorrência e ajeitei a mulher e sua ninhada em algum lugar, não sem antes providenciar-lhe uma bebida quente e alguma coisa para comer. Fazer o quê, atirar no cara, chamar reforço para arrastá-lo? Não, não me parecia ser a solução do problema, que depois me fez morrer de rir, e o sorriso, tanto como a dor, não saem da lembrança e permanecem, latejando, na cabeça, vindo à tona nesses momentos de reflexão.

Contudo, não eram só crimes. Sempre gostei de atender às ocorrências não criminais, por meio das quais regulamentava uniões amorosas, guarda de filhos, despejo, promessa disso e daquilo. As pessoas sempre cumpriam com o acordado e, se houvesse posterior arrependimento, aquele documento firmado por todos (partes, delegado, escrivão), na Delegacia, servia de princípio de prova, em juízo.

Assim, a maioria dos casos é resolvida na Delegacia, dependendo da boa vontade da autoridade policial, dotada de conhecimentos jurídicos e experimentada pela vivência das ruas, empregando esses valores para a solução dos casos que lhe são levados para apreciação.

Cada Delegacia tem seu mascote, geralmente um cachorro, mas pode ser gato também. Em cada área, a exemplo de cidade do interior, há um doido, que gravita em torno do DP com falas solitárias, discursos inflamados, há bêbados, drogados, jogados às traças, os quais têm somente como companhia as portas de uma Delegacia, que nunca se fecham e sempre estão abertas para quem queira ou precise. Pode entrar, a casa é sua, mas não abuse porque a lei e a ordem devem imperar, em nome do povo!

Capítulo 57

Condado de Campo Grande

No final de um ano, fui agraciado com um presente do amigão João Diniz, que, revirando o baú das quinquilharias, achou uma estrela de metal, igualzinha àquelas utilizadas pelos xerifes em filmes de faroeste. Estas películas são as mais eleitas para o meu passatempo, ainda que tenha de assistir sozinho, visto que minha mulher e meus filhos não têm predileção por esses filmes.

Particularmente gosto de ficar sozinho e me dá oportunidade de absorver melhor, passo a passo, os movimentos dos cavalos, os animais mais incríveis que Deus deixou na terra. Tenho admiração também por pássaros e cães.

Pois bem, vou ostentar a minha estrela, ainda que simbolicamente, na lapela de meu casaco, para marcar território e transmitir a todos que temos um "xerife", originalmente eleito para colocar ordem no bairro Campo Grande. Para isso, contamos com vários "mocinhos", que orgulhosamente carregam suas credenciais, seus distintivos e suas armas, contrariando os sentimentos de muitos policiais, que até pouco tempo demonstravam certo constrangimento pela profissão escolhida, tanto que procuravam ocultar sua condição de defensor da sociedade e da lei. Contudo, esse sentimento está mudando, graças ao trabalho sério, ao reconhecimento da sociedade e à valorização por parte de nossos superiores hierárquicos, que adotaram critérios técnicos e objetivos para avaliarem meritoriamente a atuação dos profissionais da área da Segurança Pública. Pois é, como se costuma dizer: a arte imita a vida, ou vice-versa.

Então, desde 2015 proclamamos o "condado de Campo Grande". Haverá em suas principais artérias de entrada e saída portais virtuais de "boas-vindas "e de "volte sempre", pressupondo que você entrará em nossa comunidade com bons propósitos. Se vier a trabalho, estudar, lazer, ou simplesmente para visitar, sua estada em nosso meio é motivo de lisonja. A você dedicaremos nossa atenção e, por isso, seus passos serão vigiados. Garantiremos a você uma travessia ou circulação tranquila por nossas cercanias. Contudo, se você vier para cá com propósitos menos nobres, será instado a se explicar e, dependendo, será liberado para voltar à sua origem. Agora, se o que o trouxer aqui for movido pelo sentimento de cobiça à coisa alheia ou algo do gênero, nós seremos implacáveis, no sentido de detê-lo para se explicar perante o Juízo da Comarca.

Assim, se você está pensando em vir para Campo Grande, será melhor refletir acerca de sua real intenção, para que não se arrependa, tardiamente. Não lhe desejamos nenhum mal, muito pelo contrário, se possível, lhe estenderemos as mãos, lhe dirigiremos uma palavra amiga, faremos gestos acolhedores, para auxiliá-lo ou dissuadi-lo de seus pensamentos pecaminosos. Quer se aconselhar conosco, com seus pais, seus amigos, com o padre ou o pastor, com seu professor, psicólogo etc.? Faça-o, então, antes de vir para essas bandas. Estamos prontos a acolhê-lo, protegê-lo ou neutralizá-lo. A escolha é sua, afinal você é livre até causar algum mal para alguém de nossa pacata região. Depois não diga que não teve essa chance.

Leia este texto, reflita e diga a si mesmo: "Serei uma pessoa de bem! Enfrentarei todos os obstáculos com altivez e lá na frente me sagrarei um vencedor!". Você vai ver que valeu a pena estar do lado da lei e de sua consciência. Então, será mais um soldado a se filiar a essa enorme massa que se transforma, cresce e transborda, alcançando a todos, com otimismo e entusiasmo, em busca da felicidade. Esta é a mensagem que nós, policiais do 99º DP, transmitimos a você, transeunte, que está no anonimato, mas pode ser nosso parceiro e amigo e, quem sabe, ostentar no peito o brasão de nossa Instituição Policial Civil. O convite está feito.

Capítulo 58

Uma colmeia chamada Campo Grande

A natureza tem muito a nos ensinar. Feliz do ser humano que a contempla, observa, reflete e extrai os ensinamentos dessas forças naturais.

À guisa de exemplo, observe a sociedade das abelhas, que, apesar de seres minúsculos, se impõem pela organização e união do grupo, composto de cerca de 100 mil operárias, alguns zangões e a abelha-rainha. O enxame se instala no oco de uma árvore, com estreita porta de entrada, interior todo compartimentado e com espaço entre um e outro para a movimentação livre desses seres. Grosso modo, essa é a estrutura de uma colmeia, que confere segurança, conforto e garantia de subsistência a todos do grupo, num ambiente hostil e formado de predadores ferozes e infinitamente mais fortes.

Queremos transportar esse sistema de sociedade animal para o bairro Campo Grande, compartimentando-o em 26 regiões com lideranças próprias, que cuidarão de seus bolsões com poucas entradas e saídas, devidamente vigiadas pelo monitoramento de câmeras, aliado à adoção da vizinhança solidária.

A propósito, já temos alguns núcleos bem formatados e funcionando dessa maneira em nossa região, a exemplo do Jardim Marajoara, City Campo Grande, Vila Anhanguera, entre outros. E cada uma dessas comunidades terá sua segurança reforçada por uma espécie de "condomínio virtual", compreendido por um sistema de monitoramento de câmeras instaladas ao longo das principais artérias que circundam esse pujante bairro Campo Grande. No centro dessa estrutura há três zangões, representados pelo 99º DP, pela 1ª Cia. do 22º BPM/M e pela Guarda Civil Metropolitana, para localizar, identificar e aprisionar possíveis invasores dessas barreiras da segurança local, e que a todo tempo estarão armazenando dados e compartilhando informações acerca do aprimoramento das técnicas de detecção de algum organismo estranho que possa contaminar o tecido social. A exemplo das abelhas, temos de trabalhar duro para estruturar essas três barreiras de segurança, a fim de proporcionarmos uma sociedade segura, produtiva, livre e feliz.

Você, morador de Campo Grande, quer fazer parte dessa missão? Então, recorra ao Conseg de Campo Grande, que promove reunião toda última segunda-feira de cada mês, e ficará sabendo dos detalhes desses projetos e como participar.

Exerça seu papel de cidadão, integrando-se a essas forças do bem. Ou prefere ficar reclamando da abelha-rainha, no caso, o governo? Este é essencial para a perpetuidade do grupo, mas, por si só, não garante sua integridade.

Capítulo 59

Pilares que sustentam o jardim suspenso chamado Campo Grande

Desculpe-me pelo ufanismo, meu caro leitor, mas recorro a ele apenas para ilustrar, de forma metafórica e entusiástica, a elevação gradual dessa região de Campo Grande comparativamente a outros bairros de nossa cidade. Isso tem uma causa originada na atuação das pessoas físicas e jurídicas que se doam, à sua maneira, para o alcance do bem comum.

Os cidadãos assim agem movidos pelo sentimento e pelos valores que transcendem sua zona de conforto e, por isso, preocupados com o entorno, dedicam parte de seu tempo para cuidar dos espaços públicos, em todas as demandas. As pessoas jurídicas, de igual modo, oferecem-se de maneira espontânea para dar sua cota de contribuição social, fazendo-a com a propositura de ideias, a disponibilização de coisas e o fornecimento de mão de obra, tornando real e efetivo o que se denomina Parceria Público-Privada, as chamadas PPPs, agora intensificadas pela política de nosso novo alcaide, que certamente vai causar uma revolução jamais vista nesta nossa amada megalópole.

Esse sentimento de pertencimento à cidade, portanto, reflete-se, de maneira positiva, em ideias e iniciativas concretas em prol da zeladoria da nossa capital. E quando percebem, a olhos vistos, que a nova gestão está mudando a cara desta cidade, as pessoas que nela habitam multiplicam-se dia a dia, e todos, juntos, num verdadeiro exército, promoverão o bem-estar da coletividade.

Essa nova postura de governantes e cidadãos, irmanados em ideias e atitudes por uma cidade bem cuidada, onde tudo possa funcionar, devolvendo dignidade ao cidadão, contrapõe-se ao arraigado pensamento das pessoas físicas e jurídicas mais contidas ou voltadas apenas ao seu espaço, delimitando os seus interesse às suas cercanias e, via de regra, são justamente aquelas que primeiro atiram pedras quando são acometidas por algum dissabor, atribuindo o infortúnio ao poder público, esquecendo-se de que também elas, de forma direta ou indireta, tiveram parcela de culpa nesse acontecimento.

Caro leitor, neste livro, em que conto histórias de minha infância vivida na Bahia e outras tantas nesta megalópole de São Paulo, escrevi um texto intitulado "São Paulo merece carinho", no qual sugiro o emprego de boas práticas para a revitalização da região central desta cidade, com vistas a fazê-la merecer o *status* da cidade mais pujante da América Latina, capital do Estado considerado a locomotiva do País. Pareceu uma premonição do que estava por vir. Não é que, agora, algo prático está sendo feito? E isso representado pelo projeto, que já se inicia, da construção de um conglomerado empresarial no lugar onde hoje está a cracolândia, que pode erradicar aquele degradado espaço, que tanto envergonha os paulistanos.

Espero que esse novo projeto contemple algo de bom gosto, onde se possa ouvir a boa música, saborear a extraordinária e variada gastronomia de nosso belo País e que sejam erguidos cafés com extensão para as calçadas feitas em formato de mosaico, com ricas pedras preciosas brasileiras, tão lindas, tão genuínas, tão abundantes, interagindo com outros espaços de bela arquitetura que ali existem, a exemplo da antiga Fepasa, onde está instalada a Sala São Paulo, constantemente abrilhantada pelos acordes da famosa Orquestra Filarmônica de São Paulo, bem como a Estação da Luz, com suas construções de inspiração europeia, da primeira década do século XX. Mais adiante, caminhando um pouquinho, você se depara com o Viaduto Santa Ifigênia, o Viaduto do Chá, o Theatro Municipal de São Paulo, o Pátio do Colégio — onde tudo começou.

Quanta riqueza, quanta beleza, quanta história a ser preservada, admirada e integrada ao patrimônio desta cidade, que, não me canso de repetir e anunciar: é a mais linda e pujante da América Latina. A propósito, a cidade toda está passando por uma grande revolução, e mesmo os mais céticos se rendem diante da percepção da melhoria quanto ao carinho e ao respeito dispensados aos paulistanos, bem como do zelo dos espaços públicos, o que nos dá a certeza de que São Paulo, capital do Estado, repito, tida e havida, de maneira justa e meritória, como a locomotiva do País, continua dando exemplo aos demais entes da federação, mostrando aos brasileiros e ao mundo uma cidade que precisa ser organizada, limpa e funcional, na medida em que muito tem a oferecer aos seus munícipes e visitantes.

Mas voltando aqui à nossa região de Campo Grande, às pessoas físicas e jurídicas comprometidas com o bem comum, alvos desta abordagem, vou fazer menção a algumas delas, como uma espécie de singela homenagem deste simples servidor público, pelo que são e pelo que representam em nossa comunidade, visto que a melhoria gradual de nosso bairro se deve muito a elas e agora todo esse potencial vai se elevar à enésima potência, graças às novas filosofias de nossos governantes e seus auxiliares.

Outrora, tínhamos esgoto a céu aberto, vias públicas interrompidas pelo lixo nelas lançado, comércios acanhados, bairros rudimentares, habitados sem o devido cuidado. Hoje, abriram-se largas avenidas, estabeleceram-se empresas de fabricação de produtos e prestação de serviços de excelência, construíram-se edifícios de elevado padrão, *shoppings* e comércios de grande estrutura foram reformados, bairros conservados e com bom nível de segurança, atraindo empresas e pessoas, que fomentam dia a dia o progresso dessa região de Campo Grande. Tudo isso, e muito mais que está por vir, em benefício da comunidade de Campo Grande, não seria possível sem as pessoas físicas e jurídicas, que estão se engajando nesse processo de constante melhoria até que possamos atingir aquele ideal desejado, a merecer, de fato, o título deste capítulo.

Essas reflexões vieram a lume após a aproximação da Prefeitura Regional de Santo Amaro, que já demonstrou a que veio, resolvendo, passo a passo, todas as demandas que se lhe apresentam, enquanto outras tantas, que não são de suas atribuições, estão sendo devidamente encaminhadas às esferas superiores para solução, sempre levando em conta o bem comum da sociedade local.

Essa Entidade, que trouxe esperanças para a solução de muitos problemas, representa a viga mestra da sustentação da elevação de nosso bairro, Campo Grande, mas não devemos nos esquecer de outros pilares, que, a seu jeito e a seu modo, sem alarde, no anonimato, contribuem para o bem-estar do cidadão santamarense.

Temos muitos personagens, porém não disponho de espaço para citar todos. Assim, sintam-se homenageados por meio destes que se seguem, embora saibamos do denodado esforço desse grandioso contingente de pessoas físicas e jurídicas, que assim agem movidas por uma causa nobre de contribuição em busca de uma sociedade mais feliz, e muito menos pelo sentimento de autopromoção.

Assim, não posso deixar de fazer alusão a alguns deles, sem os quais Campo Grande não teria passado por essa transformação tão importante para as pessoas que moram, trabalham, investem e acreditam no potencial dessa região da capital de São Paulo.

De "A" a "Z", não necessariamente nessa ordem, porque todos eles, em maior ou menor grau, tiveram importância vital para o nosso desenvolvimento. Comecemos, então, pela letra D. Deborah Topic, jornalista de valor que divulga as boas práticas promovidas em nossa região, para conhecimento e como forma de encorajar, incentivar e servir de exemplo para que outras pessoas se engajem de alguma maneira para a constante evolução de nossa comunidade.

Ora, se existem coisas a serem divulgadas, é porque há pessoas físicas e jurídicas que as realizam, cotidianamente, sem parar, obviamente, visando à melhoria dos serviços públicos. Sintam-se os cidadãos dessa estirpe e galhardia, representados pelas Senhoras Esmeralda, Luiza Leifert e o Sr. Earle, sucessivos presidentes do atuante, esmerado e operoso Conseg de Campo Grande, um dos mais importantes de nossa cidade, graças ao empenho, lá atrás, do Dr. João Diniz e do senhor Sergio Berty, que, juntos, revezando-se e cooperando mutuamente, implantaram e alavancaram esse importante órgão de comunicação entre as forças policiais, os órgãos prestadores de serviços à sociedade com os governos do estado e do município, ajudando a aprimorar as questões relacionadas à Segurança Pública e a todos os demais assuntos de interesse coletivo, como o cuidado dos espaços públicos e a prestação de serviços públicos essenciais.

Não nos esqueçamos aqui de bater palmas ao Comandante Valter, ao Sr. Earle e às Senhoras Maria do Carmo e Luiza Leifert, que tão bem cuidam, respectivamente, do Jardim Marajoara, da Vila Anhanguera, do Jardim Bélgica e do City Campo Grande.

Quem, porventura, queira atestar a capacidade e o comprometimento desses ilustres cidadãos, faça uma visita a essas regiões e verá o zelo, a dedicação e o carinho dispensados por essas valorosas pessoas.

Aqui em Campo Grande, a zeladoria é verificada em todos os lugares. Os canteiros centrais das vias públicas, das praças estão bem cuidados e parte desse esforço deve ser creditada ao Colégio Magister, na pessoa de seu presidente, senhor Alberto, que empresta um pouco de sua condição estrutural e social para dedicar-se à conservação desses espaços públicos.

Sabemos todos que, além de escolas de qualidade, nossa região, de igual modo, sente-se privilegiada por uma casa de saúde de referência, o Hospital Vida's, representado pelo Dr. Ali, diretor-presidente, que não se faz de rogado para empreender esforços em prol do bem comum de Campo Grande, demonstrando a grandeza de saber que ocupa uma posição social de destaque, fruto de seu esforço, de seu trabalho.

Lembremo-nos da comunidade libanesa, tão presente em nossa sociedade, ajudando a construí-la e fazê-la prosperar. Quem não conhece o Sr. Ali Sheriff, diretor-presidente da rede Atacadista Akki, pessoa de enorme simpatia e generosidade, que não mede esforços para se doar na promoção do bem comum de nossa sociedade local?

Bem que poderia começar este singelo texto com ela, Dra. Carla, superintendente do Complexo Empresarial Shopping Interlagos, o maior e mais movimentado da cidade, que não poupa esforços para dar sua cota de contribuição em prol da sociedade, em evidente demonstração do lugar que ocupa no estrato social.

De igual modo, não podemos deixar de eleger o Shopping SP Market, representado pelo Sr. Maurício, como um dos protagonistas do desenvolvimento de nossa região, sempre alerta e disposto ao encaminhamento de soluções e à participação efetiva para dirimir questões que vão além de seus interesses.

Quanto às grandes organizações empresariais, temos o orgulho e a satisfação de fazer uma menção honrosa à existência de uma das maiores empresas do mundo, que está instalada no seio de nossa comunidade: — FEMSA/Coca-Cola, na pessoa do senhor Rodrigo, que projeta o nosso bairro para o Brasil e para o mundo, bem como promove projetos sociais que contribuem para o engrandecimento de nossa região.

É óbvio que, nessa esteira das preciosas organizações empresariais, não poderia deixar de citar uma das empresas que atuam de forma singular, por sua tecnologia fina e de excelência, na área de eletroquímica, fabricando máquinas e prestando serviços de altíssima qualidade para o Brasil e para o mundo, constituindo-se num orgulho para todos nós, brasileiros, e que, para a felicidade dos santamarenses, está instalada aqui na nossa região de Campo Grande. Estou me referindo à Digimed, representada por seu diretor-presidente, senhor Medina, que, mesmo nesse período de crise, está se expandindo aqui e no exterior.

O espelho de zeladoria de nossa região se faz muito forte quando passamos pelo Cemitério Congonhas, um dos espaços mais bem cuidados que conhecemos, fruto da competência e do carinho de seus dirigentes, em atenção aos mortos, que ali, de fato, descansam em paz, em meio aos espaços verdes e ao canto dos pássaros.

A propósito, uma sociedade que pretende ser civilizada tem de ter projetos de inclusão social e esportivos e, nesse sentido, inserem-se os dez CDCs de nossa região. Em nenhum outro bairro existe essa estrutura voltada ao esporte e ao lazer, mormente, ressalve-se, alguns deles necessitem de reestruturação e fiscalização, para não causarem incômodo ao seu entorno, fruto de constantes reclamações de moradores, em reuniões do Conseg.

Falando em CDC, não posso deixar de fazer uma referência mais uma vez à Sra. Esmeralda, do CDC Maria Felizarda, um dos centros esportivos modelo de nossa cidade, graças à sua dedicação exclusiva, à sua competência e à sua simpatia, que a tornam um símbolo de cidadã de nossa região.

Ao fazer referência à educação, seria uma heresia não citar aqui o Centro Universitário Senac, visto que se trata de uma instituição de excelência na prestação de cursos em atividades diversas para mais de 15 mil alunos.

Essa região é caraterizada pela existência de grandes condomínios verticais, que abrigam uma população equivalente à de pequenas cidades, mas, em geral, por meio do empenho de seus síndicos e demais dirigentes, os quais se sintam homenageados na pessoa do senhor Sergio Berty, que representa uma Associação Informal dos Condomínios da rua Sargento Geraldo Santana.

As transformações são verificadas por toda parte, a exemplo do Autoposto Shell, de grande credibilidade, outrora do senhor Guilherme, pessoa próxima há quase 20 anos, e que agora passou o comando para o senhor Fabiano, que promoveu uma reforma no local, com a construção de lojas e a agregação de outros serviços, fomentando o emprego e oferecendo boas opções e comodidade à comunidade local.

Por derradeiro, mas nunca esgotando os homenageados, faz-se necessário e imperioso que saudemos, com uma calorosa salva de palmas e continência, o Cel. Sanches, o comandante do 22º BPM/M, e seu imediato, Major Sergio Reis, bem como o Tenente Santareli e ao comandante da 1ª Cia. desse Batalhão da gloriosa Polícia Militar, notabilizados pela excelência dos serviços prestados na área da Segurança Pública, que os credenciaram a comandar essa exigente, mas participativa, sociedade local.

Não poderia aqui deixar de externar minha admiração pelo Capitão Borges, anterior comandante da 1ª Cia. do 22º BPM/M, por sua postura e absoluta interação e comportamento ético, que tanto contribuíram para reprimir a criminalidade em nosso bairro.

Nessa mesma esteira da Segurança Pública, rendemos nossas homenagens à velha e boa GCM, situada há muito tempo na rua Darwin, tão bem dirigida pelo inspetor Ricardo, tratando-se de uma instituição que traz em seus quadros brilhantes profissionais, a exemplo do senhor Átila, que são prestativos no cumprimento de suas atribuições, na vigilância constante e incansável para a preservação de prédios e espaços públicos e que, além disso, auxiliam as demais instituições, civil e militar, no combate à criminalidade, contribuindo, de forma incisiva, para a diminuição dos índices de criminalidade nessa região de Campo Grande, conforme largamente divulgado pela imprensa falada e escrita.

Mais uma vez, rogo que me perdoem aqueles que tanto contribuíram e ainda continuam se doando por nossa comunidade, mas sintam-se todos homenageados na pessoa da dona Luiza, ilustre membro da diretoria do Conseg de Campo Grande, e as empresas se sintam homenageadas na pessoa jurídica da Associação Empresarial de Santo Amaro, que as representa de forma irretocável, por meio de proposituras de projetos às esferas competentes e em eventos solenes e festivos. Nosso muito obrigado, e temos certeza de que continuaremos contando com a essencial parceria de todos para o aprimoramento dos serviços públicos, de modo que Campo Grande constitua um exemplo para toda a nossa cidade, da mesma maneira que nosso Estado serve de espelho para todo o País, que está descarrilhando de Norte a Sul, fruto da depuração da estrutura corrompida pela qual passa nossa nação.

É claro que seria imperdoável não fazer uma breve citação à OAB/SP, subseção de Santo Amaro, que integra mais de doze mil profissionais em seus quadros e constitui a maior seção do Brasil, tão bem dirigida pelas sucessivas e exitosas diretorias.

Finalizando esta singela homenagem, vamos elevar as mãos aos céus, pedindo bênçãos a Deus, por intercessão de Nossa Senhora Aparecida, para proteger os políticos comprometidos com nossa região, dentre os quais destacam-se os deputados federais Goulart e Arnaldo Faria de Sá (*in memoriam*), o deputado estadual Barros Munhoz (amigo para sempre) e os vereadores Rodrigo Goulart e Ricardo Nunes, nossos verdadeiros bastiões em defesa incessante de todas as causas nobres levantadas pela sociedade de Campo Grande, em cujo centro se encontra o 99º DP, constituído, desde 1991, também para servir e proteger todo esse exército militante do bem.

Capítulo 60

Gratidão

Ficamos entusiasmados com a atuação das pessoas físicas e jurídicas, que se doam, dentro de suas possibilidades, para o alcance do bem comum. Os cidadãos assim agem movidos pelo sentimento e por valores que transcendem sua zona de conforto.

As pessoas jurídicas oferecem-se de maneira espontânea ao dar sua cota de contribuição social, fazendo-a com a propositura de ideias, a disponibilização de bens e o fornecimento de mão de obra, tornando real o sentido do termo "Parceria Público-Privada", agora intensificada pela política do alcaide de nossa cidade. Necessário se faz agradecer o que são e representam em nossa comunidade, fomentando o progresso da região de Campo Grande.

A zeladoria, constatada em todo lugar nos canteiros centrais das vias públicas e das praças, deve ser creditada ao Colégio Magister, Hospital Vida's, Ameplan Saúde, Atacadista Akki, tão presentes na promoção do bem de nossa sociedade local.

Agradecemos os esforços do Complexo Empresarial do Shopping Interlagos e do Shopping SP Market, protagonistas do desenvolvimento de nossa região, sempre alertas e dispostos ao encaminhamento de soluções e à participação efetiva para dirimir questões que vão além de seus interesses.

Fazemos menção honrosa à FEMSA/Coca-Cola, que projeta nosso bairro para o Brasil e para o mundo, bem como promove projetos sociais a fim de contribuir para o engrandecimento de nossa Nação.

A Digimed é motivo de orgulho aqui e no exterior. O Centro Universitário Senac é uma instituição de ensino de excelência. A Cadiz Segurança Privada é uma empresa que atua exemplar e eficazmente no segmento da segurança dos cidadãos. O Cemitério Congonhas é um dos espaços mais bem cuidados em prol de nossos entes queridos, que lá descansam em paz, em meio aos espaços verdes e ao canto dos pássaros.

Um estabelecimento símbolo de Campo Grande, pela qualidade e pelo profissionalismo, é a Padaria Grão São Paulo, simplesmente a melhor da cidade, em razão da qualidade e diversificação dos produtos que oferece.

Há ainda muitas pessoas, jurídicas e físicas, a serem homenageadas, que caminham com o Estado para a promoção do bem comum da sociedade brasileira.

Agradecemos e temos a certeza de que continuaremos contando com a essencial parceria de todos para o aprimoramento dos serviços públicos, de modo que Campo Grande constitua um exemplo para toda a nossa cidade, da mesma maneira que nosso Estado serve de espelho para todo o nosso País.

Capítulo 61

São Paulo merece carinho

Na última quarta-feira do mês de abril de 2016, em reunião mensal promovida pela Sajama — a mais bem organizada sociedade civil que conheço —, a pauta foi tomada por um assunto muito palpitante, que interessa a todos, na medida em que afeta diretamente, para o bem ou para o mal, a nós e às futuras gerações.

O assunto debatido era a "preservação dos espaços verdes" em nossa cidade, com ênfase a Campo Grande e região, que tem como exemplo o Jardim Marajoara, que oferece exuberante floresta e, por conseguinte, uma fauna diversificada, que encanta todas as pessoas e oferece um clima agradável aos seus moradores e aqueles que recorrem àquela localidade em busca de ar puro para revigorar os pulmões, em busca de qualidade de vida.

Esse assunto do meio ambiente é tão importante e vital para o bem-estar da humanidade, que foi objeto de reunião entre 180 países, que assinaram um tratado para a diminuição de seus índices de poluição e para a conservação e, se possível, ampliação dos espaços verdes. Entretanto, parece que nossa cidade, salvo engano, caminha na linha inversa desse sentimento mundial, na medida em que ocupa seus espaços vazios com concreto, seja para atender a interesses econômicos, seja para atender a demandas sociais. Contudo, com bom senso, acredito que nossos governantes poderiam conciliar o progresso de nossa pujante cidade sem descuidar do meio ambiente, que beneficia a todos, independentemente de sua condição social ou econômica.

Ao sair daquela reunião, a senhora Deborah me abordou para que eu escrevesse um texto sobre o assunto. Eu prometi a essa distinta senhora, que tão bem representa os anseios do bairro Campo Grande e região, que poderia escrever algo, o que ora faço, aproveitando o gancho do assunto tratado na Sajama, qual seja, o meio ambiente na nossa cidade.

Eu não sei em que ordem devo entrar nesse assunto: se na condição de cidadão ou de servidor público. A verdade é que me sinto no dever e no direito — por que não — de palpitar sobre a nossa cidade de São Paulo, a começar pela região central, sem a pretensão de esgotar o assunto, uma vez que a imensidão e a complexidade dessa cidade não caberiam neste curto espaço.

O centro de São Paulo é lindo, mas seria mais atraente se houvesse a tão desejada revitalização. Comenta-se muito sobre esse assunto, o maior desejo dos paulistanos, e São Paulo, nos seus recém-completados 471 anos, bem que merecia ser mais bem cuidada, mas os discursos não saem do papel e da praticidade. Então me pego a sonhar com coisas perfeitamente factíveis, mas que não se tornam realidade por pura falta de vontade política.

Aqui vou fazendo a minha parte, começando por traduzir em palavras os meus pensamentos em prol de São Paulo e enviar este singelo texto à apreciação da nobre e talentosa jornalista para sua apreciação, na esperança de estar plantando uma semente que possa germinar um movimento robusto a favor desse recorrente assunto que mudaria a nossa cidade e, por via oblíqua, a nossa vida.

Lá vou eu, em meus sonhos, traçando uma linha imaginária, formando um quadrilátero que sai do Parque Dom Pedro II, mais precisamente do antigo Palácio das Indústrias, em direção à baixada do Glicério, passa pelo fórum João Mendes, rente à Liberdade, segue em frente, passa pela avenida São Luís, atinge o Largo do Arouche, triscando o "minhocão", corta o bairro de Campos Elíseos, direcionando para a Luz, o Mercadão, e volta para o marco inicial. Poderia ser bem mais abrangente, mas eu, em particular, por enquanto, me contentaria com a transformação dessa região, que engloba, entre outros marcos históricos, a Praça da Sé, a Praça Clóvis Beviláqua, o Pátio do Colégio, o Largo São Francisco, a Praça do Patriarca, o Viaduto do Chá, o Vale do Anhangabaú, a Praça da República, o Theatro Municipal, e tantos outros locais igualmente esplendorosos por sua arquitetura clássica e histórica.

Que custaria aos cofres públicos do Município, talvez em parceria com Estado e União, custear a reforma deste espaço tão curto da capital do Estado mais rico da Federação, responsável por 40% das receitas do País? Absolutamente nada, e tudo poderia ser feito num estalar de dedos, num piscar de olhos, entre um Natal e outro. Bastaria a mesma vontade que os entes políticos tiveram em relação à construção dos estádios de futebol para a copa do mundo e da cidade olímpica, no Rio de Janeiro, para promoção dos jogos. Em relação a estas iniciativas, estes empreendimentos, fruto de um esforço mais político do que de interesse para o nosso povo, pois, como é sabido, passados os festejos, a alegria, as emoções, todos nós sabemos que essas aparentes conquistas, legados, darão lugar à frustação de nos depararmos com verdadeiros elefantes brancos no futuro, em que pese a alegria, como já dito, que o esporte mais popular do país nos proporciona.

Contudo, passadas as competições, ainda que o Brasil se consagre vitorioso em uma ou outra modalidade — e não se contabilize aqui o vexame do 7 x 1 para a Alemanha — o que muda isso no preço do feijão, do real, do dólar, em nossa vida? Absolutamente nada, pois tudo continuará como sempre e lá vamos nós continuar aturando conviver em uma cidade malcuidada. São Paulo não merece ter referência de lugares como a "cracolândia", "boca do luxo ou do lixo". São Paulo não merece exibir prédios abandonados, pichados, cortiços ocupados por marginais. São Paulo não pode continuar oferecendo aos seus moradores e visitantes calçadas estreitas e deformadas, sob um emaranhado de fios, enfeiando os céus, já prejudicado pela poluição.

São Paulo é pujante, a locomotiva do País, a maior cidade da América Latina, a 5ª maior cidade do mundo. Precisamos ter uma cidade digna de atrair os paulistanos, as pessoas vindas do interior e de outros Estados da Federação, bem como os estrangeiros. Mesmo apresentando esse quadro de degradação, que tanto envergonha os paulistanos, São Paulo recebe três vezes mais turistas do que o Rio de Janeiro. Naturalmente isso acontece porque esta é a cidade dos negócios, dos serviços, da gastronomia, dos *shoppings*, dos cinemas, da imponência dos jardins, do agito da Vila Madalena, da boemia do Bexiga, da tradição do Brás.

O centro de São Paulo, a exemplo do rio que corta a cidade, implora por uma grande transformação. Comecemos, pois, em retirar os dependentes químicos de seu *habitat* e levá-los para algum lugar que lhes permita contato permanente com a natureza, os bichos, o ar puro, em derrubar os cortiços, os prédios abandonados, substituindo-os por espaços verdes, fontes luminosas, centros culturais, esportivos, recreativos. Permeabilizemos toda aquela região central com calçadões em formatos de mosaicos, desenhando símbolos das lutas do povo bandeirante que transformaram esta cidade, ergam-se cafés, restaurantes e bares com mesas nas calçadas, oferecendo comida, bebida e música de boa qualidade. Aterrem-se as fiações, expandam-se as linhas do metrô, coloquem-se trenzinhos e carruagens puxadas por cavalos da força dessa cidade. Eu, particularmente, sou favorável que voltem aqueles painéis imensos, coloridos, de muita luz, anunciando a Coca-Cola, a garota de *jeans*, os carros, os animais, as flores, mostrando a exuberância e a beleza da natureza. Então, que se tenham feixes de luzes cruzando os céus, deixando embasbacados os transeuntes. Só assim teremos uma São Paulo capaz de atrair sua gente de todas as idades, sexo e etnias, para passear, entreter-se e divertir-se em segurança.

Nós, da Polícia Civil, prestamos nossa contribuição para a virada dessa situação que tanto nos incomoda, procurando deixar sob controle os níveis de violência dessa imponente cidade. Vamos fragilizar os malfeitores, a tal ponto que eles não possam continuar subsistindo. Agora já estou falando na condição de homem público, mas, a exemplo da Polícia Civil, também amo essa cidade, então também posso falar como cidadão. Quero me juntar aos 22 milhões de indivíduos que fizeram suas histórias, construíram suas famílias e querem entregar a elas uma cidade mais humanizada.

Trabalho aqui, em Santo Amaro, desde 1991. Nesse período, Campo Grande transformou-se para melhor. Algumas ruas, que outrora eram entulhadas de lixo, hoje se transformaram em largas e bem cuidadas avenidas, ladeadas de prédios de bom padrão. O comércio ampliou e presta bom atendimento à sua clientela. Inúmeras empresas nacionais e estrangeiras se instalaram nesta região, que conta com dois grandes centros de compras e com inúmeras escolas públicas e privadas de excelência, como a universidade Senac, que tem quase 15 mil estudantes, o Colégio Santa Maria, o Magister e tantas outras unidades de Ensino, os CDCs, as praças bem-cuidadas e os espaços verdes preservados. Até os cemitérios dessa região são notabilizados pelas áreas verdes, livres e bem-cuidadas.

Tudo isso, no entanto, se deu à custa de muita luta, porque, uma vez ou outra, vem um "iluminado" querendo desfazer todas essas conquistas. Então, você, que nasceu ou vive aqui, que foi tão bem acolhido por esta cidade, creia, também pode fazer algo. Basta ter a vontade de ser feliz...

Capítulo 62

Fogueira das vaidades

A ciência política define pátria ou nação como o conjunto de população, território e soberania. Acrescentem-se os símbolos nacionais, como o hino, a bandeira e a moeda.

Se nós mirarmos nesses elementos, no caso de nosso País, constataremos o esplendor de todos, por sua extensão, riqueza, beleza e significado. Temos um território de dimensão continental, formado por rica fauna, flora, em solo fértil, no qual, plantando, tudo dá. Nosso País é povoado por gente miscigenada, de muito valor, arraigada por um folclore bem originário, de norte a sul, marcante em cada Estado, mas integrando-se, em sintonia com a federação, definindo-se muito bem nosso povo como manso e pacificador.

Entretanto, é necessário perguntar por que, diante de tantos valores, não somos um país de primeiro mundo? A resposta está na ausência do sentimento de pertencimento, de que cada um de nós faz parte de uma nação chamada Brasil. Assim, cada um luta por si, em busca do salvamento próprio, e, se tem uma chance, aproveita-a sem se importar se essa conduta trará benefício ou malefício ao conjunto da população. É o chamado "jeitinho brasileiro", que se apresenta no cotidiano, desde as pequenas coisas até às corporações, que se agigantam proporcionalmente ao poder de seus membros, protegendo-se, mutuamente, mas no interesse daquele grupo, não da nação.

Portanto, nós, brasileiros, o máximo que alcançamos é a união em torno de um grupo. Assim, temos o Executivo, o Legislativo, o

Judiciário, o Ministério Público, a classe dos médicos, dos jornalistas... Mas e a maioria do povo, que não se encaixa em nenhuma dessas corporações, que vive só, em que se apega?

Não há salvação, ninguém vai lutar por você, porque você não incomoda, não tem força, não tem poder de pressão. Quando você não sabe dos seus direitos e aceita um "não" na porta do hospital, da escola, e volta para casa abatido, tendo apenas, talvez, um familiar ou um amigo para desabafar suas desilusões, seu grito não provoca eco, não é ouvido, para além das paredes de sua casa. E tudo permanece como sempre esteve. Ano após ano, você ouve comentários de que a situação vai melhorar, no entanto, tudo permanece estagnado, quando não retroage. E a cada aceno, as esperanças ressurgem, mas constata-se que tudo não passou de ledo engano, e você volta àquela vida de absoluta apatia e desilusão, mas não luta, não se reúne, não pressiona, não incomoda. Isso tem um nome: falta de pertencimento, de civismo, de patriotismo.

As nações de primeiro mundo passaram por um processo de sofrimento, de derramamento de sangue e ressurgiram das cinzas e, por isso, valorizam cada centímetro em seu território como se fosse a extensão de seu quintal.

Enquanto, nós, brasileiros, criamos a cultura do "jeitinho", do improviso, e ninguém cuida da coisa pública como sendo o prolongamento de seu patrimônio. Visto que não temos a cultura do enfrentamento, recorremos a esse nosso jeitinho peculiar para dar encaminhamento às coisas mais importantes e, quem sabe, proporcionar uma sociedade mais justa e feliz.

O momento é propício para isso. Aproveitemos a vaidade, o superego daqueles que detêm o poder e, na medida do possível, vamos jogar lenha na fogueira dessa vaidade para que, apoiando uns, estes possam se sentir fortes e se lancem contra os outros, e todos possam expor as próprias mazelas até que o último do falso moralismo desabe, desvalido, até a purificação de nossa gente.

Portanto, vamos alimentar essa fogueira, jogando toras de madeira, onde se possa encontrá-las, vamos despertar a luta justa, para que um possa ajudar o outro, e todos emerjam de suas impurezas.

Não importa se nós, o povo, estamos sendo usados, vamos nos permitir isso, mas com o propósito de fazê-los acreditar que estamos apoiando um, enquanto este estiver combatendo o outro e, depois que este outro se insurgir contra o primeiro, vamos apoiá-lo com o mesmo empenho para que ele também combata seu opositor e, assim, ambos cairão, desvalidos, sem volta, até a purificação daqueles que comandam o destino desse País, tornando-o forte e respeitado.

Capítulo 63

Inusitado

Caro "sintonizado", em determinado tempo de nossa existência — refiro-me mais ou menos aos "quarentões em diante..." —, a vida se apresenta com acontecimentos repetitivos, tão fidelizados quanto o compasso e a intensidade das batidas de um coração em sua normalidade.

À exceção de acontecimentos marcantes, inusitados, em nossa trajetória pela terra, como o nascimento e, é óbvio, os primeiros passos, a fala, o aprendizado, a primeira escola, o primeiro emprego, o primeiro amor, a maioridade com a CNH (rsrsrs), a formatura, o casamento, o filho, o neto, a morte (*glup*!), tudo o mais é uma repetição de fatos, datas, comemorações, problemas, que podem nos remeter àquele sentimento que se denomina "monotonia".

Já disse Einstein: "Insanidade é fazer sempre as mesmas coisas e esperar resultados diferentes". Não ligue não, essa reflexão fica no plano da Filosofia, utilizada pelos sábios, para falar algo corriqueiro de forma mais rebuscada. Nós, pobres mortais, limitados que somos, devemos fazer as mesmas coisas e, na medida do possível, sem correr riscos, acrescentar algo, de modo que aquilo já vivido se torne uma argamassa que assente esse novo experimento e, assim, de passo a passo, nós podemos viver, projetar e edificar, deixando um legado para a eternidade. Do contrário, se a cada dia você vivesse um novo experimento, incorreria na possibilidade de cair em um vazio, sem viabilidade de retorno.

Dessa forma, caminhe com a largura de suas pernas e repita o caminho trilhado até o esgotamento de seus sentidos. Se algo, embora repetido, lhe dá prazer, curta-o! Do contrário, evite-o! Particularmente, eu adoto essa técnica como forma de ser feliz. Por exemplo, se o "manto sagrado da Vila" (rsrsrsrs) perde, a nada mais assisto naquele dia sobre o certame. Se ganha, vibro e tiro uma onda com o adversário.

É claro que, às vezes, não podemos evitar algo vivenciado à exaustão e que, por isso, não nos aguça os sentidos. Por exemplo, quando você vai a um espetáculo de mágica e o artista enfia a mão na cartola e puxa um coelho branco e felpudo. Quantas vezes você já assistiu a esta cena: você está numa festa de aniversário e, de repente, alguém puxa o clássico "Parabéns pra você..."? Quantas vezes você já entoou esse canto? Você liga a TV e se depara com o tal *reality show*, cujo ápice é a fornicação premeditada sob o edredom, pela busca da audiência. As novelas, por sua vez, com enredo que não foge muito da atração pelos opostos, até que o amor triunfe. O filme que exalta o herói norte-americano, que se esgota, se esvai e, no último suspiro, ressurge, forte e vigoroso, como a águia, símbolo do país do Tio Sam. Você sabe o que vai acontecer e, mesmo assim, levado pela massificação, anula-se, desiste de tudo o mais, para estar ali, diante da tela, para espiar o que já sabe.

No mundo musical, dos anos 2000 para frente, arrisco dizer que quase nada se aproveita, a exemplo da simbologia atual, decadente, representada, entre outros, pelos "artistas" Pablo Vitar e banda Calypso. Quanta mediocridade! Tanta, que não me anima muito prosseguir com esse assunto. Por causa da pobreza do meio musical, eu reuni numa mídia o que considero melhor e o toco à exaustão em meu carro, levando-me àqueles anos dourados de 1960 a 1980. Nesses meios de comunicação — TV ou rádio —, meia dúzia de sujeitos se reúne em torno de uma mesa para falar do pré ou pós-jogo, discutindo intermináveis assuntos, sem que nada disso interfira na partida e, então, ao final, despedem-se, sem nada acrescentar à nossa vida.

O calendário anual apresenta-se com acontecimentos que se repetem de maneira que parece ser a reedição do ano anterior. Assim, a qualquer custo, pois você está acostumado a seguir as massas — senão dá a impressão de que está deslocado —, antes mesmo de findar o ano, você já partiu com a família, o gato, o cachorro, o papagaio, para algum lugar, na praia ou no campo, afinal, você teve um ano estressante e precisa relaxar um pouco. Ademais, todo mundo está fazendo isso, e justamente, você, vai ficar em casa, na sua cidade? Não!!!, você vai se sentir só, isolado, com a sensação de que está perdendo muito, e então trata logo de "puxar o carro", rumo à praia ou ao campo, e lá chegando, a qualquer custo, com um pouquinho de sorte, consegue se acomodar num pedaço de areia e enfiar a cabeça num vão do mar para refrescar a moringa e, entre uma aventura e outra, beliscar um petisco feito em condições de higiene e conservação um tanto quanto temerárias. Você, mais privilegiado, estica um pouco os dias e vai até lá pelo final da primeira semana do ano. Quando volta, queixa-se da precária infraestrutura do local visitado, resultado do excesso de gente, e isso lhe causa cansaço e irritação.

Esse estado intensifica-se quando você se depara com as contas — fruto do pacote de maldades do governo. Você coça a cabeça e passa a colocar os valores na ponta do lápis e verifica que as contas entre receita e despesa não fecham, e a solução está logo ali na esquina: uma agência bancária para resolver seu problema a juros extorsivos, que beiram a ilicitude criminal da agiotagem, se não fossem oficiais. Você, que não tem outra solução, torna-se uma presa fácil dessas instituições financeiras, que se aproveitam de sua situação fragilizada para ter lucro astronômico, bilionário.

Parcialmente resolvidos seus problemas ou empurrados com a barriga, logo vem o carnaval, que funciona como um torpor, e você se sente, novamente, feliz e cai na folia com fantasias e muita alegria. E se havia algum recurso, alguma margem financeira, ela se esgota, e você já está no limite do cartão de crédito, mas segue adiante, equilibrando-se como um malabarista do Cirque du Soleil. Afinal, você é brasileiro e dá um jeitinho para tudo. De fato, ninguém morreu e as contas, umas pagas, outras atrasadas, estão sob controle.

Depois vêm as águas de março a apoquentar sua vida com alagamentos por todos os lados. Em seguida, já no finalzinho do mês, a Páscoa, sob nova campanha da Igreja Católica, arrefece o coração e o torna mais reflexivo quanto aos valores da virtude do espírito e da alma.

Passada a metade do ano, vem a realidade da vida com suas incertezas quanto ao emprego, aos compromissos, às metas... Entretanto, o calendário, montado a dedo, proporciona-lhe mais uma chance de ser feliz, anunciando a mais popular de todas as comemorações, as festas juninas, que ganham corpo por todo o país, embora sejam mais intensas no Nordeste. E você, eufórico, como se não houvesse amanhã, paramenta-se, dança, solta fogos de artifício e se farta com as iguarias da época, vivenciando um momento mágico.

Mas tudo que é bom dura pouco, e vem agosto, considerado mês de agouro, do cachorro louco, quando os maus presságios produzem acontecimentos trágicos para a vida das pessoas e para o País. Este ano, em particular, sem querer ser pessimista, está propício para acontecimentos dessa ordem — tomara que eu esteja errado, mas não podemos negar que as coisas estão esquisitas! Parece que está tudo fora do compasso, com as instituições democráticas invadindo os espaços umas das outras, criando uma instabilidade, que até atinge o juízo do pobre homem comum.

Setembro chega e, com ele, uma leve brisa, carregando ar morno e ambientes floridos, alegrando a vida das pessoas. E você, como num passe de mágica, deixa-se encantar e ter esperanças novamente.

Se há eleições, o mês de outubro costuma ser agitado, mas é também um momento de alegria pelas celebrações do Dia das Crianças, Dia dos Professores e de Nossa Senhora Aparecida.

Novembro se anuncia, e a cidade começa a ser enfeitada por luzes brilhantes e coloridas, anunciando as festas de fim de ano com as infindáveis comemorações em empresas, restaurantes, bares, cafés... culminando com o Natal, em dezembro, e o *réveillon*, em janeiro. E tudo volta ao início...

Esse roteiro, previamente estabelecido em nossa vida, com algumas variações, faz parte de nosso cotidiano. Embora seja um calendário impositivo, pelos usos e costumes, não nos cansamos dessa doce vida. A propósito, o inusitado é bom, mas a continuidade de alguma coisa leva à tradição, e isso significa qualidade e bom padrão de vida.

Você é tradicional ou uma metamorfose ambulante? O que importa mesmo é cada um ser feliz, à sua maneira. Mas que é difícil sair dessa ciranda viciosa, isso é, ou não? Eu consegui livrar-me dessas amarras, pelo menos em parte. Assim, parece sempre que estou no contrafluxo. Não me queixo dessa maneira de viver, mas respeito a sua — *voilà*!

Capítulo 64

WhatsApp: o valor da mensagem

WhatsApp, uma febre, que literalmente viralizou por toda a sociedade, por ser uma ferramenta prática de transmissão de textos, filmes e fotos de forma instantânea, informando, entretendo, ligando as pessoas de qualquer lugar do planeta. Por isso, por força de uma decisão censurável, impedindo o funcionamento desse fantástico aplicativo virtual, mais de 100 milhões de brasileiros sentiram-se meio órfãos de algo que já faz parte de seu cotidiano. Mas tudo tem um preço. Seria o WhatsApp um mecanismo de aprendizado, de alienação ou nada disso interessa?

Na verdade, de fato, reconheçamos, esse meio virtual serve para que as pessoas se associem, interajam, trabalhem etc. Mas tudo tem um preço. Coisas fáceis são fugazes, e não acrescentam muito em nossa vida. Por isso, na data de meu aniversário, no próximo Natal e final de ano, ou em qualquer outra data comemorativa de algum evento, meu amigo, minha amiga, sem querer parecer grosseiro, mas com a finalidade de ser honesto, direto e reto, eu lhes digo: não me venham com mensagem reenviada, porque, embora seja carregada de conteúdo, emotiva, de superação, com imagens lindas, pessoas felizes, engraçadas, você não a fez para mim, mas simplesmente, num gesto instantâneo, com um toque na tela de seu celular, assim que a recebeu, a enviou para um montão de gente e, por acaso, eu estou na sua lista. Portanto, fui mais um agraciado. Tudo bem que às vezes me serviu para rir, contemplar, refletir etc., mas, a exemplo de tudo que corre nas redes sociais, ela não representa muito, não me foi enviada com exclusividade.

Admitamos que o tempo está escasso, as redes sociais acrescentam muita gente ao círculo social das pessoas e, cada vez mais, temos dificuldades para enviar um ao outro alguma mensagem direta, dirigida, específica, como outrora acontecia, com regularidade, por meio das famosas cartas ou dos bilhetes manuscritos, os quais eu guardo até hoje com muito carinho e, de vez em quando, absorvo o saudosismo gostoso que sua leitura me traz. Então, como eu estava dizendo, dada a velocidade dos acontecimentos, dos inúmeros contatos passageiros, generalizam-se os cumprimentos com o envio de textos e imagens bem elaboradas, muitas vezes de fundo comercial, religioso, político etc. e, para dar maior velocidade, criam-se grupos, para as proliferar, tanto que, não raras vezes, elas vêm de diversos contatos, multiplicando-se, aumentando a sensação de sua superficialidade.

Eu, particularmente, gostaria que você reservasse um tempo em sua agenda para falar de mim, tecendo críticas, apontando meus defeitos e, eventualmente, alguma virtude. Se não for possível, continue me enviando essas mensagens criadas por outrem, sabe-se lá por quem, mas não vou arquivá-las em minha pasta de predileções. Da mesma maneira que as recebi, vou descartá-las e, no dia seguinte, já não vou mais me lembrar delas porque não são coisas que me digam respeito, embora, em alguns casos, até filtre algum conteúdo, mas sem me deixar levar por um algum viés ideológico, religioso, comercial.

Não me leve a mal, não quero aqui descambar para o campo político — tão em voga — ou para o campo profissional — tão atraente. Não tenho interesse de apropriar-me daquilo que possa ser caro a você, exceto sua amizade, desde que, obviamente, seja sincera. Então, uma vez ou outra, em vez de deslizar o dedo sobre a tela de seu celular, enviando-me mensagens ou imagens captadas por outrem, que não conhece nossa vida, ligue-me para contar as boas-novas e, se possível, compareça, para que eu possa olhar em seus olhos. Daí, então, posso dizer-lhe: hoje eu estive com um amigo, uma amiga, que regozijou meu coração, alegrou minha alma, meu espírito. Ou você prefere pertencer ao meu círculo social virtual, tão abrangente, tão distante, tão disperso, meio morno, frio, gélido, sem sentimento?

Capítulo 65

Cada dia uma pérola

A todo instante somos apanhados com uma novidade. Se as notícias fossem boas, seríamos um povo feliz, mas não, quase a totalidade delas nos atinge negativamente, de forma direta ou indireta.

Não querendo ser pessimista, mas o Brasil está ficando inviável, pelo menos para aqueles que somente querem trabalhar, produzir e contribuir para uma sociedade mais justa, fraterna e feliz.

Afinal, se a maioria do povo brasileiro tem esse desejo, por que o Brasil não é um país forte e respeitado?

O grande problema está nas corporações, nas oligarquias, naqueles grupelhos que se unem para proteger uns aos outros e impor a vontade deles pela goela abaixo da população. Assim, temos um punhado de poderosos que acumulam riquezas inimagináveis, fruto da corrupção, dos desmandos, sem nada produzir. E, na outra ponta, verificamos invasões de propriedades particulares, concessão de benefícios intermináveis, apropriação de bens alheios pela força, sem nada produzir.

E os cidadãos de bem, aqueles que estudam, aprimoram-se e empregam seus esforços para gerar riquezas em áreas rurais ou urbanas, que pagam impostos, que contribuem para a melhoria geral da sociedade, nada podem fazer, a não ser escutar, tolerar esse estado de coisas da terra tupiniquim.

É desses cidadãos que estou cuidando aqui, é para eles que estou escrevendo e é a eles que quero prestar minhas homenagens.

Recomenda-se uma reação dessa classe que move o País e que pode ditar o seu destino. Basta se desvencilhar de usos e costumes, do ranço herdado de épocas passadas, do império, do senhorio, do coronel, do mandatário.

Hoje, quem deve conduzir os destinos desta maravilhosa e abençoada Nação é essa parcela da gente boa, que faz a riqueza do País, na qual colocamos um filete de esperança, pronto para se irromper ou se estruturar como uma teia do bicho-da-seda. Lá vou eu, de novo, buscar na natureza a solução da vida em sociedade.

Você tem exemplos mais sábios, fortes e belos na natureza, com suas facetas, como o das abelhas, das formigas, dos cupins, que, mesmo sendo seres minúsculos, são vencedores pela união e pelo trabalho!

Então, resumindo, está faltando união — que ela venha pelo patriotismo, pelo amor à terra chamada Brasil, explorada desde o início, mas até quando? Até o esgotamento de seus recursos naturais, de sua gente?

Não! Chega! Vamos ditar o rumo deste imenso e belo País, que tem tudo para dar certo. Então, comecemos pelo otimismo e pela tomada de atitude.

Capítulo 66

Complexo de vira-lata

Não faz muito tempo, recebi uma mensagem, via WhatsApp, expressando a mania que brasileiro tem de falar mal de seu País e exaltar as nações europeias, os Estados Unidos etc. Acho que se tratava mais ou menos disso. Muito provavelmente você a recebeu também, porque essas coisas meio mecanizadas se replicam a uma velocidade danada.

Refletindo sobre esse assunto, que sempre volta à baila, quando se discute o tal complexo de vira-lata do brasileiro, fui remetido a outro pensamento: de que o futuro depende do passado. Isso se aplica às pessoas e às nações.

Passeando pelo Velho Continente, percebi que, por lá, respeita-se muito o passado, suas histórias, suas conquistas, preservando-se cada símbolo de sua evolução, de sua gente, sendo um reflexo do outro, contribuindo entre si, para alcançar o que se denomina "primeiro mundo". Daí por diante, é manter esse *status* para ser feliz.

Entretanto, não é todo povo, toda nação que procura fazer sua lição de casa. Enquanto muitos povos guerrearam, derramaram sangue, suor e lágrimas, preservaram seus valores, a natureza, suas riquezas, criando unicidade e patriotismo, outros se portaram de forma apátrida, egoísta, como se o solo em que nasceram não tivesse nenhum valor, nada significando ou representando em relação às gerações passadas e às futuras, perdendo a noção de pertencimento, de identidade. E quando essas nações subdesenvolvidas se esgotam pelos desmandos de sua gente, sobra para aqueles que durante a vida inteira se dedicaram aos estudos, à cultura, ao trabalho, ao desenvolvimento. E assim surgiu o fenômeno contemporâneo dos refugiados.

Então, diante desse quadro, o que fazer para resolver a equação desse problema mundial, provocado pelas diferenças entre o primeiro e o terceiro mundo?

Ora, é fato que, tanto no primeiro mundo quanto no terceiro, as pessoas se desenvolvem por inteiro, física, mental e espiritualmente. Então, em qualquer parte, existem indivíduos de toda ordem e de infinita classificação, mas que, amiúde, poderiam ser divididos em "sujeitos do bem" e "sujeitos do mal". No mais, são subtipos, que se inserem em uma ou outra dessas duas classificações que, de fato, interessam à convivência em sociedade.

Assim, o ideal é que você seja gentil, educado, generoso, prestativo, solidário, mas isso beira a perfeição e estamos longe de que o ser humano mereça todos esses adjetivos.

Agora, mesmo não sendo tão agradável, se as pessoas o consideram um sujeito ético, com retidão de caráter, você se encaixa, perfeitamente, naquele contexto social de "sujeito do bem" e, portanto, ainda que haja alguma restrição, por causa de sua personalidade forte, introvertida, você é digno de consideração, tendo em vista que contribui para a construção de uma sociedade melhor.

Então, acredito que aqueles que querem deixar sua nação a qualquer preço, atirando-se ao mar, à mercê dos tubarões, estão prontos para se dedicarem à nova terra que os acolher e, num curto espaço de tempo, estarão interagindo com os nacionais, que, a exemplo daqueles, valorizam o sofrimento de seus antepassados e agora têm a chance de dar sua contribuição para essa nova gente, de valor, que está chegando.

Está aí a solução para o problema, que pode ser resolvido pela conjugação dos esforços entre aqueles que têm a visão do saber e aqueles que representam a força do trabalho e precisam de uma nova chance.

As férias me serviram para refletir acerca desse sentimento de nobreza, não aquela perdulária, da ostentação, mas a da lapidação do espírito e da alma, sentida pela contemplação de templos, monumentos, museus, castelos, tão presentes no Velho Continente.

Não encontro a palavra certa, mas cada ponto visitado me deixava extasiado, com um pouquinho de inveja — no bom sentido —, de quão bem faz um povo civilizado, que preserva a história para se projetar em direção ao futuro.

Tudo lá é antigo — da era de Cristo ou antes dela —, mas preservado, lindo, funcional, inigualável, como costumava dizer para o meu amigo Gilbert, francês, que fez a gentileza de nos acompanhar por seu país e sua vizinha Itália.

Estamos anos-luz atrás daquela gente. Teremos de lutar muito, gerações após gerações, para chegarmos ao estágio da vida deles, ainda que tenham de conviver com o fenômeno atual dos refugiados.

Lá, em pequenos vilarejos, homens e mulheres, da terceira e boa idade, muitas vezes, moram sozinhos e cuidam muito bem de suas casas, de seus espaços, sem ter ninguém para importuná-los, todos de prontidão para ajudar o vizinho, sem a necessidade da contraprestação.

Precisamos tomar esse banho de civilização para nos elevarmos em espírito e alma e eventualmente crescermos como seres humanos e, assim, na medida do possível, implementarmos uma nova visão entre nós, para progredirmos e sermos felizes, juntamente com os irmãos das nações vizinhas, que estão mais depauperadas que o Brasil, a exemplo da Venezuela.

A natureza foi pródiga conosco — e muito. Somos inigualáveis nesse quesito. O nosso solo é fértil, nele, como já dissera Pero Vaz de Caminha, "Em se plantando, tudo dá". Não existe água, em quantidade e qualidade, como a nossa, o verde aqui é mais vasto e vigoroso, as carnes, as frutas são mais tenras e saborosas.

Então, o que falta é polimento de nossa gente, desigual, tumultuada em espaços urbanos, ao passo que os campos, com todas as suas riquezas, padecem de utilização de forma inteligente e racional.

Necessitamos de política pública para desenvolver o nosso potencial, de modo que o faça avançar, prosperar, crescer e contribuir com nossa Nação.

Este País de dimensão continental, com mais de 8,5 milhões de quilômetros quadrados de extensão e mais de 215 milhões de habitantes, apresenta-se como um gigante carente de cuidados, que exige um esforço hercúleo no âmbito comportamental e de atitudes, mormente porque nossa formação, de origem, não é a de obter conquistas por meio do trabalho, mas, sim, tirar vantagem pela esperteza, pela malandragem, contaminando todo o tecido social.

Necessitamos, pois, povoar o nosso País de forma mais regular e homogênea, exterminar as "favelas", implementar melhorias para todas as castas, fomentar a educação e valorizar o labor.

Nada mais prazeroso do que jantar a bordo do *Bateau Mouche*, navegando pelas águas do rio Sena, que corta a cidade de Paris, tendo como pano de fundo a iluminada torre Eiffel, enquanto ao piano você ouve repertório musical brasileiro, tal como *Fascinação* e outras pérolas do gênero. Inigualável!

Não poderíamos adotar essa experiência para os nossos rios Pinheiros e Tietê, transformando-os em rios navegáveis, dedicados ao turismo e ao transporte de pessoas e coisas? Bem que São Paulo, a locomotiva do País, que acolhe, indistintamente, os nacionais e os estrangeiros, mereceria esse tipo de atenção. Cobremos, pois, dos nossos governantes, que tenham essa visão de modernidade, respeito e carinho por nossa maltratada megalópole.

O castelo de Versalhes se apresenta esplêndido, glamoroso, com seus inúmeros salões e imensos jardins, tudo bem cuidado e preservado, contando com a estrutura necessária, como restaurante de bom padrão para o visitante se deliciar com a culinária francesa. Inigualável!

Por aqui, em nossa amada cidade, temos um museu acanhado, que está fechado há décadas para reforma, privando os paulistanos, os brasileiros, os estrangeiros, de aprenderem um pouco de nossa recente história.

Nem vamos aqui nos estender a Bergamo, Veneza, região da Toscana, Roma, com seus inúmeros castelos, igrejas, monumentos, restaurantes, cafés com músicas e alegria a contagiar os passantes, servindo de exemplo para a implementação de todo esse jeito de viver em nossa exuberante São Paulo, de nossos sonhos, estendendo-se esse modelo para o nosso amado Brasil!

Então, para respeitarmos e sermos gentis com o próximo, para sermos participativos com o entorno de nossa convivência, teremos de nos elevar a outro patamar. Para isso acontecer, é necessário um Estado leve, que cuide do essencial, em que todos os recursos arrecadados sejam alocados, e o resto seria da alçada da iniciativa privada.

Vamos aprender com os mais antigos, vamos aprender com o Velho Continente, tão pujante, tão nobre, tão elegante!

Falei aqui de lugares, mas e quanto às pessoas? Estas podem ser resumidas na adjetivação de meu amigo francês: inigualável. *Voilà*, Gilbert!

Capítulo 67

Ciclos da humanidade

Ao falar de nosso cotidiano, observo que todo ano começa com tragédias, mas observo que a situação se agrava com o passar do tempo, pela ação tanto do homem, quanto da natureza. Os acontecimentos são tão tristes, que nos causam desânimo pela simples constatação de que os recursos na Terra estão se aproximando do esgotamento, e os seres humanos podem sucumbir ao final.

Estaria a humanidade num estágio de depauperação extrema de valores, capaz de aniquilar a si mesma e ao planeta onde vive?

As matanças programadas e os castigos impostos pela natureza seriam um sinal de que o mal está se aproximando do bem, equiparando as forças e tornando a Terra um lugar impróprio para viver!

Estaria se esgotando o ciclo da vida na Terra pela incapacidade do homem de superar as próprias iniquidades?

O amor está sendo atropelado pelo ódio, ou ainda temos alguma chance de isso não acontecer pelas nossas ações de inteligência?

Numa simples análise, eu diria que o amor, o estudo, a família, a solidariedade e a fé, reunidos numa só pessoa, num núcleo, podem superar essa era desafiadora pela qual a humanidade está passando e que lhe dá a sensação de que tudo está de cabeça para baixo, meio sem controle, esperando as solapadas que lhe tirem as esperanças.

O ser humano, em sua infinita complexidade, não é obra para ser compreendida, apesar dos esforços apresentados pelos renomados filósofos, psicólogos, psiquiatras e outros especialistas que se dedicam a estudar essa criação divina.

A matéria, não obstante a complexidade da coluna com suas ramificações nervosas, do crânio e de seus comandos, do coração a bombear sangue por todas as veias e artérias, do rim a purificá-lo, dos pulmões a oxigená-lo, e tudo o mais que compreende o ser humano, é passível de estudo e esgotamento com conclusão científica e definitiva. Inconteste! Não é *vero*?

Contudo, deixando a matéria de lado, o que se sabe do espírito e da alma? Quase nada, apenas divagações, afinal, somos muito limitados diante do Criador. Sem saber dar explicações, costumamos falar que, no fim, nos resumiremos a 206 ossos e um punhado de cabelos. O resto é água e se esvai alguns dias após a morte. Outros, mesmo não compreendendo, tementes a Deus, admitem que o espírito e a alma foram habitar em outro lugar, de acordo com os desígnios de Deus.

Até então, Deus nos concebeu e nos dotou do livre-arbítrio. Enquanto vivemos, podemos fazer escolhas e colher os frutos ou semear a desgraça e, ao final da vida, perderemos o livre-arbítrio e teremos uma nova designação.

Essa outra vida ninguém sabe como é. Pode-se voltar com a mesma forma ou se elevar para outro plano, porque aquilo que você não vê, não apalpa, não está ali para ser analisado, é a alma, o espírito, e não lhe é dado poder segui-la, saber o seu destino, onde vai habitar.

Não sei se o livre-arbítrio conflita com o destino previamente traçado. Para conciliá-los, talvez devamos imaginar que nascemos com uma tênue marca na cabeça, que comanda o resto e, instintivamente, seguimos a direção riscada no mapa do imaginário.

A tênue linha que o caracteriza e individualiza pode ser apagada de acordo com sua força de vontade. Aí reside o livre-arbítrio, entremeado com o destino previamente traçado. Assim, você veio "meio programado" para seguir um caminho, mas, de repente, num rompante, decide tomar outro rumo, que pode ser pior ou melhor que o original. Por isso, você é dotado de inteligência e pode, livremente, decidir, lembrando-se de que as coisas fáceis, aparentemente prazerosas, não representam, necessariamente, o caminho da felicidade, mas o de uma alegria fugaz, que o remete à insatisfação, e você perde o rumo e cai no abismo.

Entendeu, né? Se você está perdido, faça uma introspecção, busque em seu interior as forças necessárias para se achar, sozinho, sem depender de ninguém. Afinal, você é tão capaz quanto aqueles a quem você admira. Na essência, não há diferença entre um ser humano e outro, apenas caminhos diferentes a serem trilhados. Eu não tenho dúvida de que estou na trilha certa. E você, ainda está ziguezagueando, andando para trás ou parado esperando que alguém faça algo para mudar sua vida, quando tudo de que necessita para isso está bem aí em si mesmo? Vamos, caminhe, sorria e fale consigo mesmo, diga "eu me amo", sem narcisismo.

No meu caso, conto com uma única companhia: Nossa Senhora Aparecida, que me guia, protege, ilumina e me recoloca naquela linha existente entre o meu gene e o meu livre-arbítrio, para que eu não me perca e seja feliz.

A você, desejo que seja forte para andar sozinho, mas, se puder, se quiser, se for possível, sem ferir sua liberdade, busque dedicar alguns segundos à nossa rainha da terra e do céu.

Possivelmente, nesses tempos de tanta violência, uma causa maior é a falta de fé que alimenta a alma, aquieta o coração e traz felicidade. Quando não há paz interior, esse desassossego se agiganta e explode, podendo levar as pessoas a atos extremados contra o próximo e contra si mesmas.

Atualmente, vemos muitas dessas ações tresloucadas de banalização da vida, que contaminam o mundo inteiro, incluindo o Brasil, outrora tido como terra de povo pacífico, ordeiro e trabalhador. O último pleito eleitoral acentuou a divisão de classes, potencializando as discriminações de toda ordem e elegendo a violência como forma de solução.

Ledo engano seguir por esse caminho. A solução está na educação, no trabalho, na família, na fé, que esparrama amor, solidariedade e semeia oportunidades para o jovem não se perder e caminhar para frente, em busca de uma sociedade mais justa, fraterna e solidária. Somente assim poderemos viver em paz, sem sobressalto de que algum mal desses possa bater à nossa porta.

Capítulo 68

A existência de uma vida!

O ser humano, ainda que conte com os benefícios da medicina avançada, da boa alimentação, do conforto proporcionado pela tecnologia, raramente ultrapassa os 100 anos.

É pouco — eu diria — porque o ser humano é dotado de inteligência, ao contrário de outros seres vivos, e, para desenvolvê-la em toda a sua plenitude, teria de viver bem mais do que um século. Talvez por isso se diga que não desenvolvemos nem dez por cento de nossa capacidade mental, e ela progride, acredito, a cada dez anos. Então, se desenvolvemos um pouco a cada década, como chegar ao ápice de nossa capacidade, se contamos, no máximo, com progressões decimais?

Numa linha de ficção, talvez nossa existência tenha dez camadas, e esta camada — a terrena — seja a primeira e, assim, vamos para o andar superior, até chegarmos ao ápice, quando então deixamos de existir. Perfeito!

Talvez por isso se diga que estamos aqui de passagem, que não morremos, mas nos transferimos para o andar de cima. Então, dessa forma, tudo se alinha e passamos a viver em perfeita sintonia, pois tudo o mais faz sentido.

Assim, possivelmente, os seres humanos mais elevados em alma, ao passarem por este mundo, elevam-se para o piso superior, enquanto outros, de espírito rasteiro, ao morrer, voltam, para se aprimorarem, pagarem os pecados, se redimirem e se tornarem melhores, prontos para partir rumo ao plano mais elevado.

Você, caro leitor, já parou para refletir sobre o fato de que muitas pessoas — algumas do nosso convívio — passam a vida inteira se pautando pela retidão de caráter, ética, solidariedade, mas, sem nenhuma explicação, no fim da vida, padecem de uma doença que lhes impõe um enorme sofrimento, até que se esvaem? Tenho em mente que essas pessoas são especiais, eleitas por Deus, que, ao final de sua jornada, purificam-se totalmente e viram anjos!

Por quê? Qual é a razão de haver diferenças quanto a limites de idade, sofrimentos sem causa, desigualdades entre pessoas tão díspares (umas tão brutais, estúpidas, que, aparentemente, se dão bem; já outras, tão cândidas, tão gentis, que, como se diz, não tiveram tanta sorte assim)? Isso não faz lá muito sentido.

Como pode uma tartaruga — o bicho mais sem graça que conheço (desculpem-me seus defensores) — navegar pelos mares por 300 anos, ao passo que um cachorro, tão gracioso, dura apenas 12 anos e um cavalo, que nos serve, apenas 30 anos?

Como pode um crápula viver nababescamente e com saúde até o fim de sua longeva vida, ao passo que outros, de índole tão boa, perecem tão cedo ou atraem tantas pragas para si mesmos, como a doença, a fome, a pobreza extrema, a violência, a peste, a guerra, a indiferença, a solidão?

Não li nada a respeito, mas a ideia é jogar o assunto no ar para que alguém com maior capacidade possa desenvolver o tema e, quem sabe, chegar a alguma conclusão metafísica ou religiosa quanto à nossa existência na Terra.

Por via das dúvidas, não tenho preconceito, não faço mal a ninguém, para não ter de voltar a viver a vida daquele a quem eu fazia oposição ou eventualmente pagar por malefícios que causei aqui na Terra.

Não que eu seja anjo, mas espero que os pecadinhos cometidos por mim estejam dentro daquela margem de tolerância de nosso Criador, a ponto de eu não precisar regredir, voltar à Terra, à semelhança daquele que um dia foi aniquilado por mim, para experimentar a dor que lhe causei e refletir sobre quanto vale a pena ser bom, generoso, espirituoso.

Abri espaço para debater este assunto maior de nossa vida — nossa existência limitada no planeta, da qual não nos damos conta até que chegue o nosso último suspiro.

Não acredito que chegaremos a um consenso, entendimento, visto que evoluímos, no máximo, dez por cento de nossa capacidade. No entanto, se acredita no que estou falando — tanto para quem está nascendo como para quem está morrendo —, você está apenas iniciando sua existência. Terá muitas vidas pela frente. Então, "ame aos outros como a você mesmo", para evoluir. Por via das dúvidas, procuro fazer a minha parte. Vai que…, né?

Capítulo 69

De per si

Retornando do café da manhã, na deliciosa e proveitosa reunião que a Sajama promove toda última quarta-feira do mês, acesso o WhatsApp e verifico uma matéria que a senhora Luciana, moradora do Jardim Marajoara, enviou-me a respeito da tragédia traduzida em suicídio de dois jovens estudantes.

Lá, no encontro mensal, para discutir assuntos variados, de interesse dos moradores do Jardim Marajoara e da região, a gente se depara com inúmeras senhoras, todas com expressão de jovialidade, no espírito, na alma e no rosto, com o sorriso estampado e distribuindo gentilezas.

Costuma-se dizer que o Jardim Marajoara é a "Beverly Hills" da região de Santo Amaro e, quiçá, da capital de São Paulo, e eu acrescento que as senhoras que moram e fazem parte da Sajama são as "patricinhas". Isso não soa piegas — é pura realidade, uma vez que elas refletem uma luz que nos inunda, a exemplo de dona Terezinha, que cuida do meio ambiente. É pura candura!

Então, por que, de um lado, mulheres da melhor idade vivem com tanta espiritualidade e, de outro, jovens promissores cometem atos extremos, como o suicídio?

Entendo, humildemente, sem conhecimento de causa, apenas por intuição e observação do que ordinariamente acontece à nossa volta, que o ser humano, a obra mais perfeita do Criador, tem capacidade para resolver todos os problemas que o acometem. A rigor, você não precisa recorrer a ninguém para corrigir sua trajetória rumo à felicidade.

Prefiro adotar essa metodologia de acudir a mim mesmo, utilizando as próprias forças — mentais e físicas —, para sanar aquilo que esteja perturbando minha mente, corpo, alma, espírito.

Assim, no trato com as pessoas do cotidiano, que são muitas e variáveis, se me deparo com alguém, já vejo no olhar, no balbuciar, nos trejeitos, se esse indivíduo foi receptivo ou não à minha pessoa. Dependendo disso, eu começo a bloqueá-la, a me afastar dela e pronto; lá se foi um contato breve com alguém que interpretei como *persona non grata*, talvez porque tenho o sexto sentido aguçado, de perceber ou sentir o ser diante de mim e verificar sua baixeza de espiritualidade.

Quem sabe, se tivesse me esticado nessas novas relações, eu poderia me deparar com alguém de espírito elevado, agradável, que enriqueceria minha vida, mas o sexto sentido me fala mais alto e afasto essa pessoa de mim, de imediato, numa atitude de defesa, de preservação. Seria esse um bloqueio, uma ação de defesa, que poderia ser cuidada com auxílio da Psicanálise ou eu estou, sozinho, cuidando de mim mesmo, seguindo minha intuição?

Aqui e acolá, com muita frequência, aliás, deparo-me com pessoas que recorrem, habitualmente, aos psicólogos e comentam que as consultas lhes proporcionaram grandes benefícios. Ignorância à parte, mesmo porque de Freud sei apenas que ele é o pai da Psicanálise, penso que ninguém pode resolver melhor os seus dilemas do que você mesmo.

Eu sei que a complexidade da mente humana envolve muito estudo, pesquisa, regressão, para o tratamento de algum distúrbio, de algum trauma. No entanto, primeiro, você deve utilizar a capacidade de sua mente em benefício próprio, recorrer a si mesmo para se organizar, disciplinar-se e cuidar dos próprios problemas, tanto de ordem física, quanto de ordem espiritual.

Por exemplo, a recorrência pode levar ao vício ou ao hábito; o primeiro é maléfico em quaisquer circunstâncias. O segundo, dependendo da finalidade, será bom ou mau.

A primeira coisa a fazer é cuidar da espiritualidade. Isso lhe trará paz. Depois, praticar a gentileza. Isso lhe trará leveza. Dessas duas coisas juntas, extraem-se tantas outras boas, como ter boa índole, estar sempre do lado do bem, importar-se com os outros, contribuir e viver para uma sociedade melhor.

Caso seja física a dor, decorrente de um fato real, se ela atinge seu corpo, ao combater a causa, ela desaparece ou é minimizada, tornando-se suportável. Contudo, se a dor não decorre de nenhum fato real, está em sua mente, então você está com problema existencial ou coisa do gênero, que a Psicanálise talvez possa explicar, e para isso ela existe e pode fazer bem às pessoas.

No entanto, repito, como pode alguém limitado pelos próprios grilhões cuidar dos outros? O profissional da área da Psicanálise não pode nem solucionar os próprios problemas!

Tempos atrás, atendi à ocorrência do suicídio de uma psicóloga. Sobre a mesa dela havia vários estudos de clientes, fichas analíticas distribuídas por todos os lados. Como explicar que ela mesma se levanta, pendura-se numa forca improvisada e se esvai?

Desculpe-me, sei que, muito provavelmente, para o leitor culto e reflexivo, estou sendo chucro demais ao escrever sobre esse aspecto do comportamento humano, sem ao menos saber se alguém pode aceitar minhas opiniões, mas é o que penso. Não vou recorrer a nenhum compêndio, pesquisa, trabalho, para depois extrair algo e replicá-lo aqui. Nesse sentido, garanto-lhe, caro leitor, originalidade!

Sei que peco, mas o faço com consciência de que escrevo com base naquilo que ordinariamente vejo, observo no dia a dia, em contato com as pessoas, e analisando os fatos, os acontecimentos. Simples assim.

Observo o olhar, janela da alma, mas não ouso descrever a constituição dessa obra-prima de Deus — os olhos. Assim, fica mais fácil ser feliz, ou não?

E assim segue a minha vida — com leveza e docilidade — é uma pena que ela esteja passando tão depressa e eu não tenha tempo para analisar essas questões cerebrais, neurônios. Por isso, apenas sinto e potencializo os sentimentos, se forem bons. Se forem ruins, sinto-os, mas logo cuido de deixá-los de lado, para trás e pronto!

Vamos simplificar as coisas ou continuar num existir pesaroso? Pense nisso. É melhor sair e absorver as maravilhas que a natureza de graça lhe oferece do que ficar dentro de casa, apenas no imaginário.

Capítulo 70

Já aconteceu com você?

Outro dia, um empresário aqui do bairro Campo Grande fez-nos uma inesperada visita para nos presentear com uma imagem de Nossa Mãe, benzida no santuário de Aparecida.

Ele sofreu uma tragédia em família e, passado um ano, resolveu retornar a esta casa, dessa vez para nos agradecer pelos serviços prestados, que lhe trouxeram certo alívio pela justiça feita, embora nada apague a dor sentida.

Tive bons presságios pelo gesto nobre e espontâneo desse cidadão, tanto que no dia seguinte recebi uma excelente notícia, que há muito esperava. Ato contínuo, enviei-lhe uma mensagem, participando-lhe a boa sensação absorvida desse contexto.

Permita-me, caro leitor, omitir dados desses acontecimentos para não invadir a intimidade alheia, mas o que restou foi esse sentimento que nos remete à reflexão sobre algo incomensuravelmente maior de que nós, grãos de areia, que se movem e tomam direções ao sabor dos ventos.

Então, por alguns instantes deixei os afazeres de lado e me coloquei a pensar acerca de algumas passagens de minha vida, e decidi compartilhar uma delas para saber se isso "já aconteceu com você". Daí o título deste singelo capítulo.

Há quase quarenta anos, no auge da minha juventude, estava eu, sozinho, dirigindo meu fusca "Fafá de Belém", quando, ao passar de madrugada por uma estrada erma, num bairro da Zona Norte de São

Paulo, ladeada de matagal, sem ninguém por perto, deparei-me com alguns indivíduos trajados com a farda da Polícia Militar. Eles estavam em meio ao mato ralo, margeando a estrada asfáltica e, mais para dentro, havia um córrego. Parecia que estavam à procura de alguma coisa ou pelo menos fingiam, tendo em vista que vasculhavam o mato com vara curta, porém não havia nenhuma viatura por perto. Ao me avistarem, ao largo, de longe mesmo, numa estrada reta e de boa visibilidade — não fosse a ligeira neblina que caía, pois era inverno — dava para verificar eventual identificação que geralmente os milicianos exibem no bolso da camisa, por meio de uma tarjeta grudada por velcro.

Então decidi parar, porém mais adiante, em razão do titubeio, dadas as circunstâncias descritas. Eles vieram todos, correndo, ao meu encontro. Quando estavam se aproximando, de repente, do nada, surgiu um caminhão, buzinando desesperadamente e insistindo atrás de mim, querendo me empurrar, tirar-me dali à força. Então eu, de início, indignado com aquela atitude, tive de dar marcha em meu carro, seguindo em frente, devagar, para dar passagem àquele intruso, até que, um instante depois, minha mente sofreu um tranco, em forma de sopro, avisando-me que aquilo era uma emboscada! Naquele instante, dei outro tranco na marcha de meu possante para acelerá-lo e fugir dali, separando-me daquele caminhoneiro mais à frente, numa bifurcação, onde eu segui à direita, e ele, à esquerda, tendo antes agradecido com um toque na buzina.

A partir daquele dia, eu, que nasci numa família católica, passei a agradecer a Deus, por intercessão de Nossa Senhora Aparecida, a graça recebida.

Outros fatos, acontecimentos, avisos, atitudes, gestos, direções, tomadas de uma hora para outra, sem aparente explicação, propiciaram-me benefícios de valor incomensurável.

Então, eu quis compartilhar uma dessas experiências com você, acreditando que esse estado de coisas não é privilégio meu, mas inerente à condição de ser humano.

Nesse mesmo diapasão, outra situação curiosa costuma acontecer comigo, e já tive testemunho de outras pessoas que também a experimentaram, ou seja, o fato de vir, de repente, à mente algo que já aconteceu na prática ou em sonho e você procurar esmiuçá-lo em pensamento. Esse é outro enigma que eu prefiro creditar à minha espiritualidade, já que sou católico e devoto de Nossa Senhora Aparecida. Existem por aí algumas explicações científicas, psicológicas etc., mas prefiro creditar tudo a Deus e agradecer a Ele por eu ter merecido sua atenção em algum momento, sem querer ser pretensioso, mas por força do destino.

Tudo está escrito e não podemos reescrever nossa história, mudar o curso das coisas. Se somos desta ou daquela maneira, extrovertidos ou introvertidos, cautelosos ou atirados é porque Deus nos fez assim, e pronto. Dependendo de nosso gene, vamos seguir por esta ou aquela estrada, sentiremos mais alegrias ou experimentaremos mais tristezas, seremos fanfarrões ou mais contidos em nossas reflexões.

E assim vamos vivendo nossa experiência terrena e, de tempos em tempos de nossa existência, somos tocados pela divindade, verdadeiras bênçãos, milagres, mas que passam meio despercebidos, quando deveriam refletir que somos filhos de Deus, que está no curso de nossa vida, já previamente traçada, e a isso chamamos de destino.

Você pensa assim? Feliz daquele que diz sim. Aos que não concordam, desejo que sejam tocados pelo sopro divino e possam, à sua maneira, demonstrar o carinho de Deus, fazendo o bem ao próximo como forma de recompensa pelo dom divino de ser humano.

Capítulo 71

Não vire estatística

Caro amigo e leitor, o título deste capítulo poderia ser substituído por muitos outros, por exemplo: "Sinto muito, mas não posso ocupar seu lugar", e tem por finalidade extrair de nossa experiência algumas práticas que podem eventualmente ajudá-lo a ser feliz.

Obviamente, não temos aqui o condão de guiá-lo, mas tão somente de alertá-lo da letargia a que o cotidiano nos remete e passamos a fazer as coisas meio automaticamente, sem nenhuma alteração, mesmo diante das estatísticas que se mostram no dia a dia e das quais você não acredita que possa fazer parte. Até que chega aquele dia fatídico e lá está você integrando os números cabalísticos dessa aferição da vida e, então, não se pode fazer mais nada, a não ser exclamar: "Justamente eu! Por que isso aconteceu comigo?". E aquele com quem você está desabafando poderá consolá-lo, oferecer o ombro amigo, mas, como já dito aqui, "não poderá ocupar o seu lugar". Somente você poderá amargar aquele momento triste, de dor, de sofrimento e, por vezes, irremediável. Então, diante das estatísticas, por que não tirar proveito delas e, assim, evitar dissabores?

A motivação deste texto veio a lume outro dia, quando estávamos, eu e alguns policiais do 99º DP, num *happy hour* no posto de combustíveis do Fabiano, sucessor do Guilherme, que fica defronte aos condomínios do Jardim Marajoara, que abrigam cerca de 3 mil pessoas. Em determinado momento, chegaram ali três carros de transporte de valores, cuja empresa se situa na rua detrás do aludido autoposto. Tratando-se de logradouro curto, estreito e reto, é muito propício para ser interditado por malfeitores que porventura ousem realizar alguma empreitada criminosa em desfavor dessa empresa de transporte de valores.

Observando as características peculiares do local, por sinal situado muito próximo da citada Delegacia de Polícia, nós nos demos conta de que uma ação orquestrada por criminosos especializados poderia redundar numa tragédia de proporções desastrosas. É óbvio que, para não virarmos estatísticas dessa natureza tão nefasta, enviamos ofícios para Deus e o mundo comunicando o fato e aguardamos as providências por parte de quem de direito.

Tal como esse fato relatado, poderia também começar pelas estatísticas daqueles que, do dia para a noite, perderam tudo pela invasão das águas em suas residências, às vezes causada por edificação em encostas ou em margens de rios e córregos, tragédias provocadas pela natureza agredida de todas as formas, sem piedade, pelo homem urbano.

Vamos agora passear pelo mundo das estatísticas mais comuns entre nós, sem querer aqui esgotar o tema para não ser cansativo. Assistindo ao noticiário na televisão, vemos notícias de acidentes no trânsito transmitidas sem nenhuma ênfase: "Está lá um corpo estendido no chão". Esse detalhe é dito apenas porque está atrapalhando o trânsito. Ele, o corpo, é um mero objeto, forrado por um plástico ou jornal, aguardando o rabecão para arrastá-lo ao IML, onde se juntará a inúmeros outros, que ali estão, em cochos, para serem necropsiados. São identificados por um número estampado numa etiqueta pendurada no dedão do pé. Sobre ele, o corpo, nada se sabe, nada foi divulgado, apenas a identificação, caso seja reclamado por algum familiar. Dá-se maior ênfase a um animal, sobretudo, da vida silvestre, em que se procura saber algum detalhe de sua família e do motivo pelo qual perambulava por aquelas bandas até ser abatido.

Pois é, falei apenas de morte no trânsito, em que o indivíduo, sem que sequer se saiba qual era o sexo, passou a integrar os índices estatísticos de "morte violenta". Esse número, a estatística, é o que interessa e pode ser usado para o mal ou para o bem. Se a notícia é boa, a sua integração à estatística é bem-vinda e, por isso, você não tem de se preocupar, muito pelo contrário, se puder concorrer para o resultado, o fará com todo o empenho. Nosso intento aqui, porém, é contribuir para você não fazer parte da incidência de coisas ruins.

Como já foi dito, existem estatísticas para todos os gostos. Assim, o indivíduo integra os quadros dos mortos, resultantes de inúmeras causas, mas também pode ser o dos endividados, dos processados, dos injustiçados, dos acidentados, dos enganados, dos traídos, dos endinheirados, e por aí vai.

Portanto, cuidado para não fazer parte dessas estatísticas, porque, em qualquer caso, você passa a ser uma pessoa em evidência e, no mundo de hoje, não é bom você estar sob os holofotes.

Dito isso, é óbvio que você pode tomar algumas atitudes para não virar estatística e é por isso que estou escrevendo aqui para você, caro leitor, acautelar-se.

Viva uma vida discreta. Usufrua-a, mas não compartilhe sua privacidade. Aliás, recomendo que não faça parte de nenhuma rede social, a menos que seja necessário para você desenvolver sua atividade profissional. De resto, as redes sociais servem apenas para deixá-lo exposto a todo tipo de gente, invejosa, maldosa, perigosa.

Será melhor você não andar em automóveis glamorosos, chamativos, pois a chance de você virar estatística é mais provável nesta situação do que naquela de circular em carro comum. Afinal, ambos podem levar você ao mesmo destino e no mesmo tempo, visto que em São Paulo é praticamente impossível deslocar-se rapidamente.

Outro dia, conversando com um amigo, ele me disse: "Solano, eu tinha determinado carro e era roubado sempre, até que resolvi comprar outro modelo, menos chamativo, não cobiçado.". Que feliz ideia, nunca mais ele foi alvo do "amigo do alheio". Não é mesmo Dr. Willy?

De igual modo, também não recomendo ficar dentro de seu carro, parado, mais que o necessário, e tampouco demorar muito para entrar ou sair de sua residência ou caminhar sozinho em altas horas por lugares desertos, falando ao celular e exibindo relógio e joias caras ou outro adereço qualquer que possa atiçar a cobiça de algum malfeitor.

Se for viajar, peça a um vizinho que fique de olho em sua casa e, de preferência, instale um alarme sonoro para espantar visitas indesejáveis, senão você tem chance de fazer parte daquela estatística de que teve sua casa arrombada.

De preferência, instale um sistema de câmeras em sua casa e passe a vigiá-la de seu celular. Pelo custo-benefício, vale a pena, lá de onde você estiver, dar uma olhada em sua moradia.

Isso porque, caro leitor, a malandragem sabe que furto não segura ninguém na cadeia. Prende-se hoje e solta-se amanhã, graças a uma legislação branda em relação a esse tipo de crime, em que não se vislumbra grave ameaça ou violência à pessoa.

Não ande de moto, tampouco de bicicleta, a menos que seja nos finais de semana e em locais adequados. Senão você estará contribuindo para fazer parte daquela estatística do "corpo estendido no chão", e você será lembrado apenas porque estava atrapalhando o trânsito — e o "rabecão" que não vem logo para retirar esse estrupício da via carroçável!

Não pratique esportes radicais e, de preferência, não pegue avião. Embora neste último caso a chance de você virar estatística seja rara, se acontecer por uma fatalidade, você não vai tomar conhecimento, a menos que esteja em outra dimensão.

Não exerça profissão perigosa — como a de policial —, não tenha arma, não se envolva com mulher "do outro mundo", não reaja à eventual abordagem feita por bandido, para não se tornar estatística dos mortos ou feridos gravemente ou daqueles que ficaram numa cadeira de rodas ou numa cama para sempre. Tenha muito cuidado ao praticar atividades ou esportes de alto risco, como aconteceu com o renomado piloto Michael Schumacher, que se acidentou esquiando e vive vegetando numa cama, fazendo parte de uma estatística numerosa e triste, tanto para quem sobrevive como para quem tem o dever de cuidar deste.

Não se exceda no consumo de drogas para não contrair doenças graves e fazer parte das estatísticas de quem morreu por causa do vício. Não se alimente mal e não seja sedentário, para manter o corpo e a mente saudáveis e desfrutar plenamente a vida.

Não beba antes de dirigir e não fale ao celular enquanto está ao volante. Quantas tragédias acontecem por causa dessas condutas imprudentes e, mesmo assim, as pessoas insistem em cometê-las, até que a vida muda radicalmente num piscar de olhos, e nada mais pode ser feito, a não ser amargar as consequências nefastas desses atos do cotidiano.

Não tenha relações sexuais com múltiplos parceiros ou pessoas desconhecidas, sem a utilização de preservativo, sob pena de fazer parte das pessoas infectadas e passar a vida inteira entre a vida e a morte, na dependência de coquetéis medicamentosos de fortes efeitos colaterais.

Poderia ficar aqui citando inúmeros cuidados para evitar que o caro leitor faça parte das estatísticas, mas acho que você entendeu, mais ou menos, o espírito da mensagem, sem querer, obviamente, alarmá-lo.

Dirá você que tudo isso é uma bobagem e me censurará ao aconselhá-lo a que não se exiba, não seja egocêntrico. Mesmo assim, arrisco-me a escrever esta mensagem, ainda que você não me compreenda. Paciência!

A você que está me interpretando como um pessimista, afirmo que os exageros aqui expressados têm por objetivo fazê-lo refletir a respeito do fato de que é mais seguro ser simples, leve e solidário do que, ao contrário, ser extravagante, pesado e egoísta. Contudo, você é livre e tem todo o direito de exercer sua liberdade de maneira plena, sem restrição, mas "cautela e caldo de galinha não fazem mal a ninguém".

Capítulo 72

Previna-se contra os espertalhões de plantão

Recentemente, lavramos um auto de prisão em flagrante em desfavor de um criminoso que estava retirando o cartão bancário na residência de um morador idoso de nossa região.

Por telefone, sob pretexto de que o cartão havia sido clonado, o espertalhão ajustou com o cidadão que mandaria um *motoboy* para retirar o cartão. Para dar maior credibilidade à sua trama ardilosa, o estelionatário recomendou ao cidadão que cortasse o cartão ao meio. Entretanto, esse cartão bancário seria restaurado e utilizado para efetuar saques, realizar compras e contrair empréstimos, causando sérios prejuízos patrimoniais e morais pelo seu uso indevido, caso a pessoa não tivesse a iniciativa tempestiva de nos avisar acerca desse golpe.

Por ser um golpe corriqueiro e bem-sucedido, praticado, em regra, contra pessoas da terceira e boa idade, despertou-me a ideia de relatá-lo, bem como outros tantos que vitimam nossa boa gente.

Meus caros amigos santamarenses e, em particular, do bairro Campo Grande, por incrível que pareça, quase todos os dias nos deparamos com casos de fraudes variadas que vitimam incautos cidadãos. Por mais que seja tolo e antigo o artifício, o engodo engendrado por aqueles que vivem à custa da credulidade do povo brasileiro, condutas delituosas dessa ordem costumam ser exitosas, causando malefícios enormes aos cidadãos. Depois do acontecido, a pessoa comparece a alguma unidade policial, um tanto constrangida, sem saber por que caiu na artimanha do criminoso, para registrar o fato.

Sou forçado a admitir que as pessoas, na maioria das vezes, não caem no golpe pela ingenuidade, mas pela torpeza bilateral, isto é, o malandro as faz acreditar que vão ganhar alguma coisa palpável, sem muito esforço, atraindo-as pela cobiça. Certo é que, em geral, ninguém bate à sua porta para lhe oferecer um presente, para lhe fazer o bem. Sempre haverá por trás das aparências algo maquiavélico, que vai prejudicá-lo.

As vítimas são muitas, independentemente de sua condição social, econômica, instrução, idade, gênero, porém o criminoso estuda o perfil de cada uma delas para a aplicação do golpe. Nesses 34 anos de efetivo exercício do cargo de Delegado de Polícia, já me deparei com todas as malandragens que minguaram os parcos recursos das pessoas, adquiridos à custa de muito suor.

À guisa de exemplo, no ano de 2011, quando trabalhava numa Especializada, instaurei mais de cem inquéritos contra uma quadrilha, composta de dezesseis indivíduos, que atuava na forma de uma sociedade organizada, com funções específicas, visando ludibriar as pessoas, vitimando elevado número de cidadãos, do Oiapoque ao Chuí. Depois de muito trabalho, identificamos e prendemos todos os seus integrantes, quando exploravam, sucessivamente, uma quinta empresa de fachada, para a venda fraudulenta de imóveis, caminhões e veículos leves. Caro leitor, você pode não acreditar, mas as pessoas compram os bens somente pela foto, alguns impressos, propostas, contratos e uma boa conversa fiada. Nesse caso especificamente, os estelionatários se estruturavam num voluptuoso escritório, bem mobiliado, com recepcionistas, vendedores, gerentes, diretores, advogados etc. De início, eles anunciavam o bem (casa, caminhão, veículo) em determinado jornal de grande conceito e circulação no País. Quando a pessoa ligava para o número citado no anúncio, o interlocutor dizia que já havia vendido o bem anunciado, mas que o adquirira por meio daquela empresa, recomendando-a por ser idônea. Então, a pessoa entrava em contato por meio da linha fornecida pelo bandido e com o espírito desarmado, tornando-se alvo fácil para mais um locupletamento.

Não cabe aqui a citação das inúmeras artimanhas, como o conto do vigário, do paco, do bilhete premiado, do falso sequestro, do falso acidente automobilístico, do falso leiloeiro, da invasão de dispositivo informático, da troca do cartão na boca do caixa automático, do cartão clonado, assunto que me ensejou escrever este texto para prevenir as pessoas, porque, depois, como diz o ditado, "Inês é morta" — o estelionatário não deixa muitos vestígios para ser apanhado.

O assunto é vasto e poderia render um livro grosso de letras miúdas. Por isso, em vez de citar cada um dos golpes engendrados pelos criminosos, vou me permitir apenas alertar você. Não se deixe ser abordado na rua, seja por um maltrapilho, seja por alguém trajado em fino terno de linho. Não abra a porta para atender eventuais prestadores de serviços, nem para prestar ajuda. Não se prolongue em conversa ao telefone com desconhecidos sob qualquer pretexto. Não confirme dados, ligando para linhas telefônicas e se reportando às pessoas fornecidas pelo interlocutor, pois esses dados são do bando e eles estão lá aguardando seu contato para confirmar tudo aquilo que você quer saber. Não adquira bens em *sites* ou estabelecimentos comerciais não conhecidos. Evite realizar saques de quantias elevadas em bancos ou caixas eletrônicos. Não tome essa providência durante a noite ou em locais suspeitos, ermos. Não circule à noite em carrões com vidros abertos. Não ostente joias em vias públicas. Não fale ao celular nas ruas. Não deixe nada sobre os bancos dos veículos. Procure não estacionar os veículos em via pública de pouco movimento ou em lugares mal iluminados. Não marque encontros pela internet com pessoas desconhecidas. Se tiver de andar por locais ermos, faça-o na companhia de outras pessoas. Enfim, tome algumas precauções para evitar dor de cabeça e não se transformar em estatística.

Capítulo 73

“Saidinha de banco”

Pessoal de Campo Grande, venho agora falar sobre os direitos dos cidadãos, em geral, na hipótese de serem vítimas de prejuízos decorrentes de conduta classificada como roubo, furto, estelionato e outras infrações penais cometidas por malfeitores em desfavor de pessoas que sacam dinheiro em agências bancárias ou que, de algum modo, sofreram algum desfalque em conta corrente, proveniente de um ilícito de ordem penal.

O assunto é antigo, mas continua acontecendo em larga escala, e muitas vezes as pessoas não têm o perfeito entendimento de seus direitos. Outro dia, um morador e comerciante do bairro Campo Grande foi vítima de conduta delituosa dessa natureza, tendo ele narrado que fora abordado pelos marginais quando ainda estava no estacionamento da agência bancária. Os ladrões se apropriaram de todos os valores, mesmo tendo ele o cuidado de separar os numerários, de alta monta, em dois envelopes e colocá-los em partes distintas do próprio corpo.

A agência bancária, como é de praxe, conta com corpo de segurança de empresa terceirizada. Embora o delito tenha sido praticado no âmbito da circunscrição de outra Delegacia de Polícia, a vítima recorreu aos préstimos dos policiais da Unidade Policial — 99º DP, que elaborou o registro e a vítima saiu dali orientada quanto aos seus direitos, que vão além da esfera penal — com esmerada investigação para chegar à identidade e à prisão desses facínoras, mas também quanto à obrigação da instituição financeira, com a empresa de segurança, que podem figurar no polo passivo de uma ação indenizatória, a ser proposta ao Egrégio Juizado Especial Cível, sem a necessidade de defensor para essa finalidade, caso essas pessoas jurídicas se mostrem recalcitrantes em devolver a vítima ao *status quo ante*. Portanto, à luz do que dispõem os artigos 8º e 14 da Lei nº 8.078/1990 (Código do Consumidor) e os artigos 927, 931 e 932 do Código Civil, que abrigam a "teoria do risco", impõe-se ao banco a responsabilidade cível pelo fato danoso. Nesse sentido, nos casos conhecidos por "saidinha de banco", a doutrina e a jurisprudência perfilham o entendimento de que a responsabilidade dos bancos é objetiva, reforçando a tese do bônus e do ônus. Portanto, mesmo que o fato delituoso tenha ocorrido em ambiente exterior às agências, postos ou assemelhados, é devida a reparação quando o crime ocorrer em áreas sob a administração do empreendedor financeiro ou colocado à disposição do usuário, especialmente os tais caixas eletrônicos 24 horas e os estacionamentos vinculados à instituição financeira. Em tese, a responsabilidade civil é afastada mediante prova de culpa exclusiva do consumidor, o que não ocorreu no caso aportado na Delegacia de Polícia, em que o correntista tomou a cautela até de dividir seus parcos recursos em maços diferentes e guardá-los em partes distintas de suas vestes, porém, em virtude da ineficiência da prestação do serviço de segurança oferecido pela instituição financeira, o cliente ficou exposto à vista de todos, carregando numerários para honrar suas obrigações.

Desde 1991, quando eu ainda tinha cabelos, registro boletim de ocorrência dessa natureza e, nesses instrumentos, costumo orientar a vítima a reivindicar seu direito, visto que o banco é guardião de seu rico dinheirinho e dele deve prestar-lhe contas. Em quase a totalidade dos casos, as instituições financeiras arcam com esse compromisso legal e moral, para não terem o nome arranhado por migalhas diante do estrondoso lucro demonstrado em seus periódicos balancetes. No entanto, aqui e acolá, sempre tem algum gerente querendo criar dificuldades para que o consumidor desista de seus direitos. Contudo, não desista, porque a lei está ao seu lado.

Capítulo 74

Imparcialidade, princípio de rara observação

Parece paradoxal, mas o ser humano, a mais perfeita criação da vida, obra do Criador, é uma imperfeição só no mundo terreno.

Pondero a crença daqueles que acreditam que o ser humano resulta da evolução das espécies, mas o faço por amor ao esgotamento do assunto. Contudo, acredito que o olhar humano, o coração, e tudo o mais que nos completa, somente pode resultar da concepção divina.

É óbvio que toda essa maravilha, sem parâmetro dado ao livre-arbítrio, cheia de sentimentos, emoções, se distorce em algum momento, por algum motivo ou circunstância, e passa a reger-se de acordo com sua convicção, sem se importar com o pensamento do seu semelhante.

É por isso que aqueles que detêm o poder, que controlam a mídia, que sobressaem pela força intelectual ou física, deveriam ter cuidado ao se expressarem nas abordagens de diversos assuntos que lhes são apresentados, sob pena de incorrerem na falta dessa imparcialidade e, por conseguinte, afastarem-se da tão almejada Justiça.

Nos bancos acadêmicos ou em qualquer certame no meio jurídico, aprendemos que devemos dissecar o assunto em sua extensão e profundidade, abordando o tema na origem, as alterações, a doutrina, os usos e costumes, a jurisprudência, o direito comparado, pouco importando o que você pensa, devendo deixar o tema para a reflexão do leitor, que deverá chegar às suas conclusões e delas tirar proveito.

Essa minha exposição tem razão de ser porque outro dia, no deslocamento do trabalho para minha casa, ouvindo rádio, determinado jornalista, que fala sobre política, ao ser questionado por um ouvinte se não deveria emitir uma opinião mais isenta, respondeu que não, que ele expressava sua opinião, de acordo com sua convicção, seguindo sua ideologia.

É claro que nem precisaria dizer que, para mim, esse profissional caiu em total descrédito e, por isso, não o ouço mais, até porque meu senso crítico discordava do que ele estava falando. Entretanto, quem não tem informação sobre determinado assunto "vai na onda" do sujeito e torna-se massa de manobra, o que é de interesse de um governante mal-intencionado.

Essa insatisfação não vem de hoje e acredito que você, caro leitor, também padeça desse tipo de sentimento, da ausência de isenção do indivíduo que detém o meio de comunicação ou por qualquer motivo exerce influência sobre outrem.

A rigor, não deveria haver o "formador de opinião". A notícia ou o fato devem ser passados ao ouvinte, ao leitor, ao telespectador, para que estes sejam bem-informados e possam refletir acerca do assunto e tomar uma consciente posição pessoal.

Já de algum tempo, antes de ler um editorial, trato logo de lançar meu olhar para o responsável por aquela escrita e, dependendo do subscritor, deixo de ler o texto, porque aquilo não me acrescentaria nada, uma vez que atende aos interesses daquele meio de comunicação ou do próprio autor. Então, deixo de ler o artigo, ouvir a matéria ou tomar ciência de qualquer assunto os quais tentem me fazer pensar e agir em consonância com o pensamento de alguém, trazido à baila por um ângulo um tanto quanto enviesado.

De uns tempos para cá, abstraio as coisas daquilo que ordinariamente observo da sabedoria popular, depois de peneirada em fina trança, absorvendo o resultado, pautado pela legalidade e pelo bom senso, lemas que ditam minha conduta já há muitos anos.

Assim, cancelei a assinatura de uma revista e de um jornal, não ouço noticiários tendenciosos, não acompanho assuntos sérios divulgados pela internet, sem medo de que isso me torne uma pessoa desinformada.

Ouço a notícia, porém não me anima ouvir o comentário que advenha do fato, porque é difícil encontrar alguém que aborde um tema com profundidade e extensão de modo que deixe bem-informado o leitor e que este possa, à sua maneira, abstrair aquilo que lhe encante a alma e o espírito.

Acredito que devemos ter uma opinião formada sobre as coisas, mesmo que ela não corresponda à expectativa de terceiros. Devemos ser bem resolvidos quanto a isso, e a minha recomendação é para ler bons livros, escritos por pessoas sensíveis, que se prestem à narrativa do belo e do feio, das coisas como são, ouvir boas músicas, ver e ouvir banalidades, curtir os animais, a natureza e tomar uns goles de cerveja, sem levar muito a sério os que se julgam donos do mundo, senhores da sabedoria.

Fico cá com meus pensamentos, possivelmente tolos para muitos, mas, se me satisfazem, dou-me por feliz.

Capítulo 75

Meio-termo, bom senso, jeito de viver

A escolha é sua, naturalmente, mas o meio-termo não significa ficar em cima do muro, representa uma decisão, uma atitude, um gesto, a prática de um ato, que melhor soluciona um problema apresentado. Revela imparcialidade, bom senso, no encaminhamento dos problemas, porque, *a priori*, ninguém tem razão absoluta e, se surgiu um conflito, é porque cada um tem lá suas razões, até que um mediador possa se inteirar de tudo e proferir uma decisão, um conselho ou o apaziguamento entre os contendores, evitando um acontecimento de fato mais grave e, por vezes, irremediável.

Isso se aplica em todos os aspectos da vida humana, de natureza pessoal, familiar, social e profissional. Se em meio ao desarranjo surgir alguém equidistante, sem tomar partido, para conversar e enxergar melhor do que aqueles que estão diretamente envolvidos e, de forma objetiva, intermediar a situação, tudo pode acabar bem, sem maiores implicações.

Estou fazendo essa reflexão, após a tragédia que se abateu sobre uma família, quando comemorava o *réveillon* em Campinas e tudo por conta de uma pendência judicial de separação e guarda de um filho, resultando na morte de doze membros daquela célula social. Quantas vidas, quanta dor, quanto prejuízo para a sociedade, que poderia ter sido evitado, caso a pendenga fosse tratada além da letra fria da norma jurídica. Não se pode apegar apenas aos aspectos da legalidade, tem de se acrescentar o bom senso, o contato, para apaziguar os ânimos até que a temperatura esfrie e tudo volte ao curso normal. É como o leito de um rio, observam-se lá suas quedas-d'água, corredeiras, mas, por fim, vem o remanso, tranquilo, relaxante, para aqueles que atravessaram as tormentas.

Isso acontece em relação a todos os assuntos da vida, por exemplo, escolher entre o quente, o frio e o morno; banhar-se em cachoeira gelada num dia escaldante (que sensação boa!!!); ou tomar banho quente num dia de temperatura muito baixa — bom, né? Mas, se isso acontecer reiterada e prolongadamente, será que vai proporcionar o mesmo prazer? No entanto, banhar-se em água morna vai satisfazer você *ad aeternum* em qualquer temperatura ambiente e, além disso, gera mais benefícios para a saúde. Este exemplo, eleito por acaso, serve apenas para ilustrar que, na vida, o meio-termo revela sensatez, bom senso, e, por isso, deve ser observado, adotado, em todas as suas decisões, atitudes, para resolver, e bem, todas as coisas que envolvem você.

Já se disse que a unanimidade é burra. De igual modo, podemos considerar que os extremos não são uma solução inteligente para as questões que nos cercam. O exagero até causar uma sensação de felicidade, mas apenas no momento inicial, por conta da adrenalina ou outro sentimento qualquer, mas, por si só, não resiste ao tempo. Então, tome uma posição ponderada, conservadora, e seguirá adiante, sem susto, numa vida mansa e tranquila.

Poderia citar aqui "N" exemplos para ilustrar esse ponto de vista, de que se deve adotar o meio-termo como decisão sábia para a vida. Entre o mínimo, o máximo e o mediano, este último será sempre a opção mais acertada. Até o ganho exagerado, em determinado momento, incomoda, já não tem mais o mesmo significado. Os sentimentos, as sensações, para serem perenes, prazerosos, têm de acontecer na dose certa, sob pena de perderem um pouco de sua graça, seu gosto, seu prazer. Se o canto do pássaro é raro, quando ele canta nos espanta e encanta; se o animal é raro, sua aparição nos deixa extasiados, mas, se o vemos, em cativeiro, não é a mesma coisa que vê-lo na vida selvagem. O sexo comprado pode causar algum tipo de prazer, mas não se iguala à felicidade sentida pela conquista. O caro e o barato não convêm, porque o primeiro mingua as reservas e o último não se apresenta com as propriedades esperadas. O preço médio invoca o consumo prolongado de coisas boas. Assim, devemos dar vazão aos nossos sentidos: nada muito doce ou muito salgado, muito frio ou demasiadamente quente para satisfazer o paladar. Alguns preferem som alto, e outros, baixo, mas o ideal é que a sonoridade entre pelos seus ouvidos de modo que preencha sua alma e seu espírito. A paisagem vista muito de perto estreita a visão, e, da mesma forma, quando muito distante, não possibilita o encantamento pelos detalhes. Então, para apreciá-la e fazer bem à vista, o horizonte tem de estar a uma distância mediana. O tato é bom, mas não pode ser gratuito, ele tem de vir carregado de emoção e no momento que se sente vontade. O sabor de algo mais espaçado é muito melhor do que aquele que acontece a todo momento. O odor forte chega a ser nauseabundo, enquanto o pueril passa quase despercebido. Precisa ser algo que cause boas sensações, sem exagero. A ausência de vento e a ventania igualmente nos incomodam. No entanto, se vier aquela brisa suave, ela nos traz boas sensações e pode se prolongar no tempo, que aceitamos com a mesma sensação inicial.

Não me venha com muita tagarelice, mas também não fique calado. Aproxime-se e fale alguma coisa e, depois, ouça, para a gente prosear de forma que um escute o outro. Sejamos comunicativos, ouvindo-nos, reciprocamente, mesmo que não se filtre muito do que se está escutando, mas a boa conversa é sempre interessante.

Quer saber, até a liberdade plena nos traz insatisfação, porque, depois, não sabemos o que fazer. Então, precisamos ter limites nas coisas para que haja a sensação do “quero mais” e a vontade de experimentar novamente, de voltar e sentir. O mínimo ou o máximo talvez nos deixem insatisfeitos ou fatigados. Por isso, o razoável é mais aceitável, o meio-termo, solução de tudo, porque nisso reside a sabedoria. A paixão é intensa e provoca muito prazer, mas é fugaz e geralmente desaparece da mesma forma que começou, deixando sequelas, provocando tristeza, solidão, depressão. O amor não! Esse é igualmente doce, moderado, saudável, prolongado e construtivo. Na política, a extrema direita cria ditadores, que retiram os direitos elementares à condição humana; a esquerda extremista, de igual modo, não lhe permite sonhar em realizar-se plenamente. Então, a solução é o centro, sem muita desigualdade, mas que você possa, de acordo com seus esforços, plantar e colher coisas boas para a espécie humana, que evolui, fortalece, amadurece e morre. A morte, sim, bem que pode aparecer de repente, de modo que não cause sofrimento nem a quem vai, nem a quem fica, mas, enquanto ela passa ao largo, que vivamos a vida mansa e tranquilamente como o sono dos justos, contando carneirinhos num campo verdejante, entrecortado por um riacho de águas cristalinas e colorido pelas flores, frutos e pássaros, cantarolando, agradando todos os sentidos do ser vivo, sem a necessidade da agressividade ou da passividade, simplesmente acontecendo de forma natural como deve ser nossa vida aqui na Terra. Tal como o curso do rio, que não se esvazia, servindo a todos com água límpida, peixes e frescor, mas também não transborda os limites de seu leito, evitando a tormenta da fortaleza das águas.

Façamos, então, um esforço de imaginação, em que cada um de nós é um filete de água, que se junta a outros, que se comunica aos demais, formando volumes maiores, que se encontram com outros, igualmente volumosos, e se agigantam, até desaguarem-se no mar, onde serão absorvidos. Está aí, numa ligeira figura imaginária, o nascimento, a vida e a morte de alguém que veio ao mundo apenas para fazer o bem e viver serenamente.

Capítulo 76

Felicidade, busca eterna, difícil alcance

Passada a Páscoa, momento de reflexão, de se reiniciar, reconstruir, reinventar, ou simplesmente seguir a marcha, o que de fato buscamos?

Acredito que todos almejam a felicidade, mas, para que ela seja sentida, momentaneamente, é necessário um conjunto de acontecimentos a um só tempo, de modo que nosso ser se sinta harmonioso, em toda a sua complexidade, obra do Criador.

A busca por esses momentos felizes é o máximo que podemos sentir, porque, como disse Rousseau, filósofo e escritor, o estado permanente de felicidade não parece ter sido feito, aqui na Terra, para o homem. Quando isso acontece, ficamos eufóricos e saímos por aí distribuindo beijos e abraços, e tudo flui positiva e naturalmente. Tornamo-nos a pessoa mais simpática do mundo e aflora em nós aquele sentimento de solidariedade e amizade, advindo da prática de ajuda e perdão.

Mas esse estado de coisas, que impulsiona à exteriorização de nossa alegria, como já dito, não é permanente, porque a vida trata logo de impor obstáculos para tropeçarmos, causar-nos desconforto, e o estado de exaltação dá lugar a um ar mais pesaroso, e voltamos à normalidade das pessoas, no sentido de não nos sentirmos com tanta leveza. Afinal, o ser humano é um eterno insatisfeito porque, na verdade, no senso comum, não sabe o que quer, mesmo sabendo o que o aguarda, pois a morte é certa.

Conforme evoluímos, ou achamos que estamos evoluindo, nossa vida torna-se mais complexa, e o estado de felicidade, para ser alcançado, depende de muitos acontecimentos concomitantes, o que se torna uma tarefa hercúlea, pois sempre faltará algo para nos sentirmos completos, realizados e sem sentimento de culpa. Além disso, a felicidade depende também de nossa sensibilidade, em todos os aspectos da vida particular, familiar, social e profissional.

Por conta de todas essas circunstâncias, as pessoas mais simples tendem a ser mais felizes, pois não são nada exigentes, e poucas coisas lhes proporcionam uma felicidade interior imensa.

Entretanto, não basta ser simples, que é diferente de simplório. É preciso ser sábio, para que valorizemos a nós mesmos e ao nosso entorno, desde pessoas até a natureza, com as variáveis que tocam diretamente os nossos sentidos.

A simplicidade limita nossos bens materiais, mas, se somos sábios, não precisamos de muito para viver em plenitude, satisfazendo-nos com as coisas que nos preenchem o corpo, a cabeça, a alma e o espírito.

Sigamos o caminho de uma pessoa livre e consciente, livrando-nos do egocentrismo e das coisas supérfluas. Valorizemos o sorriso de nosso filho, o frescor da brisa, o campo orvalhado, a chuva, o sol, o canto dos pássaros, o rio piscoso, a comida no prato, a família reunida ao redor da mesa, a prosa construtiva, que leva todos à reflexão e à tomada de decisões conjunta quanto a tudo o que de bom e verdadeiro a vida tem para nos dar.

Agora, à medida que nos sofisticamos, cada vez mais necessitamos agregar coisas, sobretudo a de nos conectarmos ao mundo, o que nos torna mais artificiais do que reais.

As mídias sociais estão aí para aferir o que quero dizer: a pessoa, sorridente, que exibe simpatia, envia-nos textos de outrem, criado por um pensador, poeta, artista, munido de habilidades etc. Num primeiro momento, podemos nos sentir atraídos por essa pessoa, mas perdemos o encanto nos primeiros contatos, quando descobrimos que ela também, a exemplo de qualquer ser humano, tem suas imperfeições, pouco ou nada tendo a ver com a imagem publicada na mídia social, meio encontrada para preencher o vazio de sua alma e de seu coração. Grosso modo, é como aquele prato estampado nos cardápios dos restaurantes: quando vem à mesa, dá vontade de devolver, em razão da brutal diferença entre o virtual e o real.

Então, o primeiro passo para ser feliz é preencher a alma e o espírito e habitar em corpo saudável e mente sã. Depois, façamos aquilo de que gostamos, sem invadir o direito e o espaço alheio. Sejamos gentis e valorizemos as pessoas para que também sejam consideradas bem-vindas em qualquer grupo. Doemo-nos um pouco à causa do bem comum ou a quem esteja necessitado, mas devemos também cultivar um tempo para nos dedicar a nós mesmos, para satisfação física e espiritual, sem que tenhamos de ostentar, apenas preencher nossas necessidades e, dependendo da visão das coisas, o que procuramos estará logo ali, muito próximo, ao nosso alcance.

E se as coisas que preenchem a alma e o espírito, o corpo e a mente estiverem logo ali, próximo, ao alcance, poderemos reunir todas elas a um só tempo e finalmente diremos que estamos nos sentindo felizes.

Do contrário, a cada meta alcançada, seremos levados a outra, e mais outra, e sempre teremos algum desafio pela frente, uma angústia, uma frustação, e passaremos a vida inteira atrás de algo somente para causar disputa com o nosso semelhante e, nessa corrida frenética, a vida passará, e não teremos usufruído daquilo que conquistamos.

Portanto, não é de bom-tom dedicar-se a acumular riquezas. Valorize as coisas mais simples, esteja de bem consigo mesmo e, se puder, faça algo por alguém sem esperar nada de volta, mas apenas porque você, como ser humano, tem o dom divino da solidariedade, da generosidade, do perdão, da gratidão, e continue nessa direção do entendimento. Como disse Sócrates: "O bem da alma só pode ser atingido por meio de uma conduta virtuosa e justa, da mesma forma que a função do olho é olhar e do ouvido é ouvir".

Esses sentimentos são opostos aos da violência, do ódio, da discriminação e outros do gênero, que não constroem e não fazem ninguém feliz, apenas podem maquiar, mas, na essência, ninguém pode ser feliz tripudiando sobre um irmão, um semelhante.

Vamos reter a pedra que está prestes a ser lançada, a palavra ofensiva e, se possível, estender a mão ou ofertar um sorriso, uma flor, e veremos que tudo isso faz a diferença no momento de nosso repouso, no aconchego de nosso lar, estejamos acompanhados ou sozinhos, mas em paz com nós mesmos.

Capítulo 77

A mulher e seu cavalo

Lancei o olhar sobre a montanha, entrecortada pelo clarão do capim-verde e rasteiro, que servia de pasto para os animais da fazenda. Aquele vão entre os dois morros servia de estrada para quem se deslocasse sobre seu cavalo a passos serelepes.

Era tardezinha e o sol já se despedia depois de um dia inteiro servindo a nós, espécies vivas, com a graça de Deus, embora não sejamos gratos por essa bênção divina.

Fiquei contemplando aquela cena rara em nossa vida cotidiana e medíocre da cidade grande, até que o sol se escondeu sobre aquela montanha, ressaltando a silhueta de uma pessoa e seu cavalo, que tomava a luz solar apenas para si e muito provavelmente a acompanhara até a chegada a seu destino.

Maravilhado com aquela visão bela e nostálgica, perguntei aos meus amigos quem era a pessoa e eles prontamente me responderam que era a cozinheira/faxineira, que havia acabado de fazer a feijoada, limpar a casa e despedir-se de nós. Eles arremataram dizendo que ela vinha trabalhar a cavalo.

"Nossa, que maravilha!", pensei comigo mesmo. Tive uma ponta de inveja, no bom sentido. Senti a paz na respiração daquela mulher, que, após um dia de trabalho, retornava para casa em seu belo animal.

Passei a noite com aquela cena na cabeça e no dia seguinte, quando acordei, ela já estava na cozinha preparando o café.

Curioso, quis saber como era sua rotina e ela disse, muito orgulhosa, que seu meio de locomoção era seu cavalo. Não precisava de combustível, não tinha gasto, não poluía o meio ambiente.

"E quando chovia?", perguntei. Ela respondeu que aproveitava tudo que Deus manda com a mesma satisfação de quem sabe valorizar a natureza em sua plenitude.

Fui até o seu cavalo e ele estava lá, forte, belo e formoso, fartando-se de tudo que precisava e que só a natureza pode oferecer.

Debruçando-me sobre esse fato, coloquei-me a refletir sobre o que, ordinariamente, acontece com as pessoas comuns, tão necessárias ao País e agradáveis ao seu entorno.

A propósito, quais bens são maiores do que aqueles que a natureza nos oferece e que são suficientes, necessários, para vivermos com qualidade, mas que, por serem gratuitos, não damos lá o seu devido valor?

Despedi-me de Rosina e de seu cavalo, que lá permaneceram em seu "mundão", na vastidão de seu horizonte estrelado, na fazenda Chumbo Grosso, no Município de Guaratinguetá, enquanto eu voltei ao meu mundinho dos medíocres, limitado a quatro paredes, onde passo de 14 a 16 horas, despachando os problemas dos outros, encalacrados pela ambição, intolerância, desestruturação familiar...

Capítulo 78

A família

O pai, a mãe, o filho, o irmão: o simbolismo dessas palavras é imenso, não tem alcance, é inatingível. São frutos do sangue, carregam os genes. Transcendem a matéria, são para sempre, além da vida terrena… À reunião dessas figuras dá-se o nome de família, célula responsável pela sustentação da humanidade.

Forte em sua essência, cândida em sua natureza, a família é essencial para o ser humano. Sem a família, o homem se sente só, sem referências. Recorre, então, a pessoas que desaparecem ao sabor das circunstâncias, favoráveis ou não, e pode até "comprar" companhias, tornando-se infeliz.

Mesmo assim, e embora pequena, reunir a família pode ser um problema. Esse papel não é para qualquer um. Os compromissos, as individualidades, o imprevisível… Às vezes temos vontade de desistir, mas a vida sempre arruma um jeito de nos entusiasmar e abrir novas oportunidades, novas chances. O tempo põe à mesa determinado número de cadeiras e lugares. E de súbito, feito milagre, a família está reunida. Fulana, a mais religiosa, conforta a todos com os ensinamentos do Pai, por intercessão de Nossa Senhora Aparecida. Beltrano foi agraciado pela conspiração dos deuses que o favoreceram na vida, mas também suportou feridas, superadas, é verdade, mas que lhe deixaram cicatrizes. Sicrano teve bons momentos, deixou frutos, mas sofreu dores terríveis e murchou, endureceu e procura viver agarrando-se às gotículas de esperança, em busca de dias melhores. O outro foi mais tenaz nos estudos, colhe alguns frutos e passa por agruras do cargo que ocupa, mas sente-se feliz em poder ajudar o próximo, a sociedade, como profetizara seu pai. A outra traz no veio alguma coisa de refinamento, que queria passar para sua prole, mas a vida não é bem assim, tão certinha quanto planejamos. Entretanto, na medida do possível, as coisas estão se encaminhando para a solução de alguns percalços. O outro, por vezes, sente-se solitário, mas não arreda pé da roda da família, único ponto de apoio para suas desilusões. A outra se lançou numa aventura para não ficar só. Acabou não sendo uma aventura. Gerou criaturas que hoje lhe dão prazer e dissabores, mas, ao final, acredito, tudo valeu a pena. Hoje somos seis. Até pouco tempo atrás éramos sete, e antes formamos um grupo de quinze, mais uma agregada, sob o comando de nossa mãe e de nosso pai.

Nossos pais deixaram histórias pouco contadas, na verdade. Gostaria de ouvir dos mais velhos detalhes da labuta deles, para que, hoje, estivéssemos, aqui, reunidos, em torno da mesa para falarmos um pouco de nossa vida. Do amanhã, só Deus sabe. Espero que tenhamos longevidade, pois agora cada um, a seu modo, está mais tranquilo. Ainda existem, porém, muitas coisas para serem acertadas.

Espero que tudo entre nos eixos, que os planos de todos sejam realizados. O meu já vou adiantar: daqui a dois anos, com a graça de Nossa Senhora Aparecida, estaremos reunidos na minha casa, na Aldeia da Serra. Faremos muitas festas lá, sempre em família. De resto, ofereço-me para ajudar, na medida do possível, os irmãos que porventura necessitem de algum tipo de apoio, para que cada um de nós possa sentir a felicidade que eu estou sentindo — mas nada é fácil.

O ano de 2012 começou como um ano ruim de minha vida, mas com o enfrentamento dos problemas, sempre sob a intercessão de Nossa Senhora Aparecida, tudo foi resolvido paulatinamente. Hoje estou em paz, realizando os meus sonhos, conduzindo as coisas pelo caminho certo. Faltam ainda alguns objetivos a serem alcançados, algumas metas a serem atingidas, mas todas elas são plausíveis. Nada de exagero, apenas caminhos traçados, que serão percorridos sem muitas dificuldades. Terei sempre os pés no chão. Uma coisa de cada vez e, devagar, iremos longe, em busca da felicidade, que já existe, pois hoje tenho a serenidade, a certeza de que optei pelo melhor caminho, que me trouxe a este momento de felicidade.

E vocês, meus irmãos, arrependem-se de alguma coisa? Gostaria de ouvi-los e, se puderem falar, que o façam com a alma, com o coração, sem medo, pois não vamos censurar nada, apenas trocaremos ideias do que podemos fazer para alterar uma ou outra coisa que os esteja incomodando ou trazendo-lhes aborrecimento. Quem sabe, assim, estaremos nos ajudando uns aos outros, para que todos nós tenhamos a alegria em nosso coração.

Mais um final de ano se aproxima. As festas virão e elas precisam acontecer em paz, com a família reunida, pois o tempo passa e é implacável, pode favorecer-nos propiciando a paz interior ou nos causar desilusões. Tudo dependerá do destino que está traçado para cada um de nós. Contudo, podemos fazer alguma coisa para melhorar a nossa convivência aqui neste mundo, e tudo começa pela família.

Capítulo 79

Natal!

É Natal, puxa vida, é Natal! Não acredito! Como passou rápido! Mais um ano é debitado em nossa vida!

Ao virmos para este mundo, quantos anos foram creditados na conta de cada um de nós? Alguns têm um crédito longo, duradouro. Outros, nem tanto. E para alguns o saldo é tão pequeno, que foge ao nosso entendimento a razão de terem vindo à terra.

A verdade é que tudo está traçado e não sabemos quando nossa conta será zerada. Até lá, vamos nos pautar de acordo com o que somos: muitos terão vida de conforto, saúde e felicidade, mesmo que, a princípio, não façam por merecê-la. Outros sofrerão até sucumbirem, sem uma explicação aparente. Uns e outros tiveram experiências diferentes em outros planos, muito possivelmente, invertidas, de modo que recebem a compensação e, nesse diapasão, o que for feito aqui será compensado em outro plano de nossa vida. Eis aí a Justiça divina!

Da mesma forma, o tempo é implacável com todos nós, independentemente da classe social, econômica, não retrocedendo para ninguém, tornando-nos todos iguais, democratizando a existência entre os homens. Eis aí mais um traço da Justiça divina!

Nessa época de reflexão acerca de nossa existência, do balanço de nossos sentimentos e realizações, nós nos remetemos a esse universo da introspecção para que nos conheçamos por dentro, para depois avançarmos rumo ao desconhecido.

Enquanto isso, celebremos mais um ano, com alegria e esperanças, embora nós, brasileiros, e o mundo inteiro, a bem da verdade, não estejamos vivendo o melhor momento.

Vamos lá, deixemos de ser pessimistas. Contagiemo-nos com o clima de confraternização. Façamos um brinde e, com o coração palpitante, rasguemos os papéis coloridos que embalam os nossos presentes, mesmo que muitos deles, após a empolgação inicial, sejam esquecidos num canto qualquer, sem uso e sem lembrança de que existem ou mesmo daqueles que nos presentearam, enquanto outros tantos serão usados, valorizados e tomarão assento em nossos corações e lembranças, tornando-se estimados não pelo seu valor intrínseco, mas sentimental.

Eu mesmo experimentei essa sensação. Ganhei muitos presentes, mas três deles dados pela mesma pessoa, meu irmão Didi, Zezinho ou Sintra, como queira: chama-se Kiul — um quarto de milha, esplendoroso, que me leva num trote cadenciado, causando prazer indescritível; o outro, de nome Platino, é um marchador, que me leva a grandes distâncias e de forma tão confortável, que me sinto como se não tivesse saído do sofá de casa e a Nega, égua quarto de milha, tão linda, expressiva e amorosa, quanto valente e voluntariosa. Os três são amadrinhados, andam juntos o tempo inteiro e me reconhecem até pela voz. Não são vendáveis, viverão até seus últimos dias sob os meus cuidados.

Esses são meus três grandes amores, mas antes que minha mulher me censure, não estou aqui falando dela e dos nossos filhos, que são presentes divinos, concebidos pelo amor entre um homem e uma mulher, sob as bênçãos e graças de Deus.

Quanto a você, meu caro leitor, tem algo de apego, tal como um animal de estimação (cão, gato, papagaio, pássaro), uma joia, um objeto qualquer, uma carta, uma fotografia ou simplesmente uma lembrança, uma música, um fato, que o faça recordar de algo? Sim, porque recordar é viver! Ou você apenas é daqueles que só focam no presente e no futuro? Tudo bem, seja como for, se vierem os presentes, está bom; se vieram as pessoas, melhor ainda. Contudo, se nada acontecer, o que importa é estar em paz consigo mesmo.

Então, em companhia ou a sós, um brinde a você, em tapete vermelho ou em chão batido, iluminado pelo brilho da lua ou ao som do mar, ouvindo os murmúrios de seus próximos ou o silêncio de sua consciência. De alguma maneira, eu desejo que você se sinta por inteiro, feliz e esperançoso de continuar sua trajetória, longa e saudável, até o último minuto da batida de seu coração e que o último suspiro seja um sopro que vai levá-lo a uma nova aventura e dela a outra, porque somos infindáveis, infinitos, eternos.

Você, diante de sua perfeição, não acha que tudo acaba aqui, acha? Obviamente que não! Deus não faria sua obra mais perfeita para ser tão breve, não é mesmo! Por ora, sigamos o calendário com o Natal, fim de ano, carnaval, Páscoa, águas de março, festas juninas, tragédias...

Capítulo 80

Do casamento

Desde o primeiro dia em que a vi, tive certeza de que a Nina seria a mulher da minha vida, mas esperei oito anos para colocar a aliança e selar a união de namoro, que somente veio confirmar esse sentimento tomado da cabeça aos pés.

Obviamente, nossa união merecia uma festividade à altura e foi o que fizemos, dentro das nossas possibilidades. Então, lá foi ela, com toda meticulosidade, elaborar seu vestido, com um corte de tecido tafetá, presenteado pelo meu irmão Sintra, que à época era gerente de uma loja de tecidos chamada Notre Dame, situada no Shopping Ibirapuera. Depois, a compra de pérolas, rendas e muitas outras coisas, de modo que o vestido tivesse gola alta e cauda longa. Foi realmente uma obra de arte, daquela que você vê em casamento de princesa, em películas de contos de fada.

As visitas à costureira se estenderam por mais de 8 meses até o vestido ficar pronto para moldurar o corpo escultural da Nina: a tiara, os brincos, o tecido, as pérolas, costuradas à mão, deram dimensão exata da grandeza daquela obra de arte que foi feita para enfeitar a noiva e fazer sonhar aqueles que tiveram o privilégio de ver a Nina entrar na Igreja Sagrado Coração de Jesus, que também foi escolhida a dedo, após examinarmos inúmeros templos para a celebração de nossa união. O pacto civil também se deu no mesmo altar, mediante a assinatura de um compromisso. A liturgia ocorreu sob o som de instrumentos de metais e sopro, tocados por homens de uma orquestra arranjada no peito pelo amigo e colega de trabalho de nome Antonino.

De lá dos Campos Elíseos, rumamos para o Esporte Clube Banespa, muito imponente e glamoroso, que dispunha de um salão elegante, que costumávamos frequentar em bailes de formatura e no carnaval. A distância entre a Zona Norte e a Sul se deu em pouco tempo, pois conseguimos "batedores", engalanados, que desfilaram em motos robustas, abrindo o caminho, graças ao Sr. Antonio, oficial das Forças Armadas, tio da Rebeca, casada com meu cunhado Paulo, que fez essa gentileza.

A festa foi animada com banda musical da época e regada de comes e bebes, feitos com carinho e abundância pelo *buffet* Adelina, cuja proprietária era conhecida e fez tudo como se fosse para sua família. Os festejos se estenderam até madrugada adentro e, em meio à festa, tiramos fotos nos jardins do clube, sob a música intitulada "I'll Never Love This Way Again", entoada pela cantora Dionne Warwick. Tudo foi filmado e, uma vez ou outra, revivemos esse momento memorável.

Passamos a noite de núpcias no hotel Othon, na praça do Patriarca. Era um hotel de luxo, situado entre os dois prédios em que trabalhávamos: de um lado, o Banespa, atual prefeitura, e, de outro, o Conde de Prates, onde se situava a Construtora Ferreira Guedes. Admito que não foi nada romântico e demos muitas risadas por isso, mas consideramos o presente bem-vindo. O gerente, gentilmente, dada a amizade, ofereceu-nos, além de uma suíte, uma cesta com bebidas e guloseimas.

No outro dia, partimos, para percorrer a Estrada São Paulo-Rio, pelo litoral norte, em um automóvel Escort XR3, novinho em folha, cedido pelo meu irmão Didi, Zezinho ou Sintra, como queira, que o havia acabado de comprar. Havia roteiro, mas não planejamento, criando uma atmosfera de romance e aventura. Em nossa lua de mel, o que contava mesmo era a companhia um do outro, sob o brilho da lua e das estrelas, a testemunharem nossa felicidade. Lembro-me de que na primeira noite, chuvosa, estávamos rodando por Ubatuba, até que chegamos a um hotel luxuoso, situado na montanha, com vista para o mar. Indagamos se havia vaga e qual era o preço da diária. O pessoal da recepção disse que havia uma vaga, a se confirmar em meia hora, caso a pessoa que fizera a reserva não comparecesse, e, quanto ao preço, era bem salgado. Dissemos que íamos esperar no carro, no estacionamento, até que, de repente, eu e minha mulher demos no pé, com receio de sermos chamados e termos de arcar com aquele valor, que dava para bancar muita coisa de nossa viagem.

Até hoje me arrependo de não ter me atrevido a realizar aquele mimo, afinal merecíamos algo daquela magnitude, ainda que por um dia. Mas não, a responsabilidade soou mais alto e preferimos trocar aquela suntuosa hospedagem por uma espécie de palhoça, unida a outras tantas, parecendo ser uma vila de pescadores, erigida num terreno meio pantanoso, onde estavam alojadas algumas pessoas a caminho do primeiro *Rock in Rio*. Lembro-me de que dois vizinhos se desentenderam, talvez por conta do uso de drogas, mas nós apenas ríamos de tudo e de todos, uma vez que em nossos corações habitava somente felicidade.

Seguimos em frente por aquela estrada tortuosa, onde desponta, em cada praia, um pedaço do paraíso, que não perde nada para a rota que liga Saint-Tropez a Mônaco, conhecida como Costa Azul, na França, a qual percorremos, de carro, com meu inigualável amigo Gilbert. Lá em Paraty, passamos por uma fazenda, que tinha um minizoológico e um alambique, onde nos aquecemos depois de um banho de cachoeira. Na cidade fluminense, nós nos hospedamos num hotel modesto, situado na avenida Getúlio Vargas, em que costumava pernoitar, a trabalho, pois no Rio de Janeiro existia uma filial da Construtora Ferreira Guedes, minha empregadora, cujo gerente era o Sr. Oscar, que nos convidou para passar um final de semana na região dos lagos, onde ele tinha uma bela casa, na cidade de São Pedro da Aldeia.

Depois voltamos para casa, um apartamento de 67 metros quadrados, no bairro de Santana, devidamente mobiliado por objetos presenteados por familiares e amigos e onde começou nossa prole, composta de três filhos, que cresceram e fixaram raízes no bairro de Santana. Aquele apartamento, alugado, deu lugar a outro, do dobro de tamanho e próprio, onde estamos até hoje, de onde mudaremos para uma casa, ainda em construção, em outro lugar, próximo da capital paulista. Isso, porém, é plano para o futuro, que está sendo desenhado e será objeto de outra abordagem. Acredito que estou numa crescente, lenta, gradual, segura e feliz.

Capítulo 81

Os filhos

Tenho em casa uma foto de uma Belina, modelo antigo, de cor verde, estacionada em frente à Maternidade São Luís, a qual está sendo ocupada pela Nina, minha mulher, carregando uma criança nos braços e eu puxando outras duas pelas mãos. Essa foto é emblemática porque simboliza um tempo de pura felicidade e orgulho sentido, de estar alicerçando uma família planejada, pois o que se vê nessa imagem é a projeção de uma tradicional família fundada no amor, embora com poucos recursos financeiros, mas com a tenacidade de construir um futuro melhor para os pimpolhos, lindos, saudáveis e felizes.

A criança que está no colo é o Victor, nascido em 1990, que veio ao mundo pela insistência, uma vez que minha mulher teve de se livrar de um DIU, aos três meses de gravidez, para poder conceber essa criaturinha, que até hoje só nos dá felicidade, por sua personalidade de gente de bem, carinhoso, deveras inteligente. As outras duas crianças, conduzidas pelas minhas mãos, são o Diego, nascido em 1987, e a Giovanna, nascida em 1988.

Ao passar em frente ao berçário da Maternidade São Luís, deparei-me com vários bebês em seus bercinhos, enrolados como se fossem presentes — e é um presente de Deus, concebido pelo milagre do amor entre duas pessoas, que num dado momento se encontram, se unem, se frutificam, se fortalecem e se perpetuam com sua descendência. Entre aquelas inúmeras criaturinhas, quase todas dormindo, havia um bebê mais graúdo, cabeludo, que estava fazendo flexão — ou pelo menos era essa a impressão que tive ao vê-lo em posição decúbito ventral, contrária à dos demais.

Diego era tão cabeludo, que minha mulher sentia azia durante a gestação, e nasceu curto e forte como um tourinho, e se fortaleceu ainda mais com o leite materno, até mais de um ano. Diego sempre foi forte, com dobrinhas nas pernas meio tortas, glúteos grandes e olhinhos miúdos, pretinhos e acesos, dando-lhe uma feição que era impossível não admirar e não querer pegá-lo no colo. Onde ele estivesse, aparecia gente de todos os lados, querendo apertar-lhe as bochechas, as pernas e segurá-lo para uma foto.

O tempo passava e o filhote ficava mais forte e mais cobiçado por familiares, amigos, vizinhos e por todos aqueles que o avistassem. Na rua, no *shopping*, no campo ou na praia, a presença do Diego era motivo de aglomeração e festa para ver e sentir aquela "fofura". O Diego, porém, teve um pequeno problema de estrabismo e pé suavemente torto, necessitando de correções, mediante a utilização de tapa-olho e botas ortopédicas, dos quais ele fez uso com muita resiliência, até corrigi-los por completo, sem que isso lhe causasse qualquer tipo de desordem psíquica.

Na segunda gravidez, para nossa felicidade (quais pais não desejam ter um casal de filhos?), veio uma menina, uma princesa. No começo era espichada e magra, mas, com o passar do tempo, foi se transformando na coisa mais linda do mundo, de covinha nas bochechas rosadas, com cabelos ligeiramente encaracolados, muito feminina e graciosa. Era um charme vê-la passar a tiara sobre os cabelos e continuar pedalando sua bicicleta com rodinhas, de cor rosa, pelo pátio do condomínio. A Nina a enfeitava com vestidos de todas as cores e amarrava fitas coloridas em seus cabelos ondulados, transformando-a numa boneca irresistível de apanhar no colo, apertar e beijar.

E cada dia que passava ela ficava mais bonita, já com olhos graúdos e pretos e tão elegante, que tinha um ar de aristocrata, mas, na verdade, era bem faceira e fazia amizade com todo mundo. Na praia, de repente, a Giovanna sumia e, quando a avistávamos, lá estava ela brincando com uma recente amiguinha. Uma vez, no Shopping Center Norte, ela se perdeu da gente e foi um susto danado até encontrá-la, admirando uma vitrine com brinquedos. Certa vez, eu a levei até o cabeleireiro e mandei cortar os cabelos dela bem curtinhos. Ficou mais graciosa ainda, que nem levei bronca da Nina.

Giovanna dedica-se à leitura, aos estudos e ao trabalho e gosta de viajar. Recentemente, revelou-se excelente cicerone minha e da Nina, em viagem a Istambul, Capadócia, Beirute e Dubai. Os nossos filhotes obviamente nos acompanhavam em todos os lugares e, quando viajávamos de carro, eles perguntavam: "Está chegando, pai?". E eu respondia: "Só mais um pouco!". Acho que todas as crianças fazem essas indagações, mas as nossas eram bem insistentes e eu dizia: "Um pouco mais de paciência e vamos, agora, procurar um lugar mais legal para nos alimentar". Até lá, brincávamos de adivinhação para descobrir qual bicho fazia determinado som, e o imitávamos, ou, então, de falar três países com a letra "P", disso e daquilo, de modo que a viagem era bem prazerosa e feliz.

Todos eles tiveram uma infância saudável e muita tranquila, exceto por alguma crise de bronquite, em que precisávamos correr, nas madrugadas, até um hospital infantil que ficava perto da Consolação, onde éramos bem atendidos e, por vezes, necessitávamos ficar lá de um dia para o outro.

Desde pequenos, todos eles frequentaram as melhores escolas, todas muito próximas de casa, no bairro de Santana, passando pela Escolinha Miudinho, depois pela Floresta Encantada e, mais à frente, pelo CIL, no qual, para matriculá-los, tivemos de passar uma noite na fila, de tão disputado que era o colégio. Mas valeu a pena, pela metodologia aplicada por aquela unidade de ensino, exemplar em todos os sentidos.

Não querendo me gabar, mas a Nina e eu nunca dissemos "não" para os nossos filhos. Dizem que isso não é bom e que, às vezes, é preciso dizer "não", para despertar nos filhos a responsabilidade, pelo amadurecimento. Contudo, não adotamos essa regra, para proporcionarmos felicidade aos nossos filhos. Assim, por exemplo, em todos os passeios, excursões, atividades, gincanas da escola, lá estavam nossos filhos participando, mesmo que, para isso, tivéssemos de nos endividar com cartão de crédito, que sempre estava no limite.

Além da escola, nossos filhos, desde pequeninos, frequentavam o *Kumon*, método para desenvolver o raciocínio, que é, de fato, muito eficiente. Tanto que nossos filhos sempre eram aprovados, bem antes do final do ano letivo.

Mais adiante, o Diego fez o curso médio no Colégio Federal, situado na avenida Cruzeiro do Sul, onde, para ingressar, os alunos se submetiam a um vestibulinho, no qual foi aprovado em primeiro lugar.

A Giovanna também se submeteu a processo seletivo e foi aprovada para cursar o colegial na Fatec, unidade de ensino de primeira grandeza e gratuita, a exemplo da Federal.

Quanto ao Victor, por conta de muitas amizades, o que o tornava deveras popular e, portanto, poderia, em tese, fazê-lo relaxar um pouco nos estudos, optamos por matriculá-lo no Colégio Etapa, na unidade Vergueiro, de disciplina rígida, que serviu para discipliná-lo, mesmo à custa de endividamento, que se estendeu de três para quatro anos para quitá-lo. Mas valeu a pena.

Após o colegial, todos os nossos filhos foram aprovados, na primeira tentativa, nos vestibulares para ingresso nas principais faculdades do país: USP, USFC, UFSCAR e outras, num total de seis. Optamos por matriculá-los na USP, onde o Diego e o Victor cursaram Engenharia, na Poli, e a Giovanna fez Direito na São Francisco.

Certa vez, uma jornalista, diante dessa sumidade, rara de ver, veio até nossa casa para saber como nossos três filhos foram aprovados na USP, para cursarem as graduações mais difíceis, mais concorridas. Lá em casa ela soube do motivo dessa prodigalidade: em casa imperavam o amor, a união, a felicidade. Ao final, após contarmos um pouco de nossas histórias, a jornalista tirou uma foto da família jogando cartas e a publicou na capa de um renomado jornal.

Nossos filhos, graças ao próprio talento e à nossa dedicação, principalmente ao nosso amor e carinho, crescendo num ambiente saudável, foram catapultados a um patamar mais elevado, e por isso, ainda em banco escolar, receberam propostas de emprego das maiores empresas do país, cabendo a eles mesmos, como sempre, livres, escolherem o que queriam fazer, sempre sob a primazia de alcançarem a felicidade, para a qual entendiam ser vocacionados, independentemente do retorno financeiro.

Fizeram suas escolhas, livremente, de acordo com suas aptidões e, hoje, todos estão, a seu modo, realizados e felizes, e com muitos projetos para o futuro, ensejando a nós, seus pais, ainda mais o sentimento de orgulho e felicidade, que damos graças a Deus, por tê-los concebido do jeito que são — melhores presentes de nossas vidas.

Capítulo 82

Do lar próprio

Naquela época, um dos maiores sonhos do brasileiro e, em particular, do paulistano era a casa própria. O pensamento, bem plausível, era de que gastar com aluguel de moradia era queimar dinheiro, jogar dinheiro fora.

Além de morar de aluguel naqueles tempos, caso não houvesse acordo com o valor do reajuste, geralmente acima dos ganhos, o inquilino era ameaçado de ser colocado para fora, e isso constituía um pesadelo sem fim.

A política habitacional, naqueles tempos, representava uma verdadeira excrescência, explorando o povo. Lembro-me de que já casado, preocupado em conseguir um teto para minha família, enfiei-me num financiamento de quinze anos para comprar uma casa no bairro do Tucuruvi, e, ao final desse longo e tenebroso período, estava devendo um valor mais elevado que o próprio imóvel no mercado, e precisei refinanciá-lo pelo prazo de sete anos e meio. Um verdadeiro estelionato oficial, por meio do qual você pagava o valor da casa pelo menos por uma meia dúzia de vezes. Tudo isso para sairmos do aluguel e ter a casa própria, tida e havida como um porto seguro em nossa vida.

Voltando ao assunto deste texto, a primeira casa da nossa família, que conseguimos comprar com a venda da fazenda, era aquilo que nos foi apresentado não sei por quem, muito provavelmente por um corretor inescrupuloso, aproveitando-se da ingenuidade de uns caipiras. Avistamos aquele vagão composto de garagem descoberta, dois quartos, sala, cozinha, quintal e uma cozinha, com corredor, em paralelo, na frente. A porta de entrada ficava no meio da casa e, para acessá-la, você passava por uma mureta, com dois degraus de cada lado, feita em cimento. Mais tarde, constatamos que era uma espécie de dique, na tentativa vã de segurar as águas do rio Cabuçu, que invadia com regularidade nossa casa, situada em bairro do mesmo nome, na Zona Norte de São Paulo, já na divisa com a Vila Galvão, bairro de Guarulhos, maior cidade depois da capital paulista.

A partir de então, passamos a viver um pesadelo eterno, com as constantes enchentes. Por vezes, precisávamos amarrar nossos carros ao portão, para não serem levados pelas águas, que chegavam de repente e volumosas, ora de dia, ora de noite, sem tempo para fazer nada, exceto subir alguns móveis para além de um metro e esperar as águas baixarem, para retirá-las em baldes e fazermos a limpeza com água limpa, até não mais subsistir aquele cheiro de água suja, devolvendo à nossa casa as condições de habitabilidade.

Lembro-me muito bem de que naqueles tempos havia muitos bailes de formatura, animados com grandes bandas, deveras talentosas, a exemplo de Super Som T&A. Às vezes, aos sábados, para ir ao baile, ao final da tarde, colocava uma roupa em saco plástico, na minha cabeça, e atravessava o aguaceiro, a pé, e me dirigia até a casa do meu amigão Juarez, situada a cerca de 2 quilômetros de casa. Lá, tomava um delicioso banho quente, trocava de roupa, calçava os sapatos, as meias e ajeitava a gravata.

Recordo-me, perfeitamente, de que, certa vez, colocamos uma cadeira numa caixa para armazenar água, feita de cimento, e nela botamos nossa mãe sentada, com um pano a cobrir-lhe a cabeça, protegendo-a da chuva, que insistia em cair, e a empurramos para além da enchente, por cerca de 200 metros — comprimento da rua Padre Stanislaw Ticner, logradouro de nossa casa, o penúltimo imóvel, até chegarmos ao começo dela, onde havia um elevado, asfaltado. Dali, em lugar seco, minha mãe e todos nós, seus filhos, rumávamos para a casa de nossa irmã Bernadete e do cunhado Souza, onde pernoitávamos, enquanto as águas baixavam, para retornarmos e realizarmos o mutirão de limpeza.

Essa agonia era constante! Não sei por que razão, mas naqueles tempos chovia mais, principalmente nas cabeceiras dos rios, e a água se apresentava com tanta força, que nada resolvia para contê-la. Era rezar e esperar que a chuva não se prolongasse muito, porque, se assim fosse, teríamos de retirar nossa mãe, em caixa-d'água, dando a impressão de que estávamos carregando uma Santa em procissão. Bastava escurecer os céus para ficarmos em polvorosa: será que desta vez não virá volume de água? Era só torcida, daí a pouco, em minutos, o aguaceiro do rio invadia nossa rua, nossa casa, as ruas paralelas e tudo virava mar, e o jeito era retirarmos nossos carros e nossa mãe e rumarmos para a casa de parentes. Quando as águas baixavam, retornávamos para a faxina rigorosa, começando pela retirada da água represada, seguida de diversas lavagens, que durava o dia seguinte, inteiro, para minuciosa limpeza. Não termos contraída leptospirose foi um verdadeiro milagre de Deus.

Os anos se passavam, e as promessas eleitorais de canalização do rio Cabuçu não se cumpriam e o pesadelo continuava, ano após ano, até que um dia encontramos alguém que se interessou pela casa e a vendemos por um preço bem abaixo do mercado. Juntamos uns trocados com mais outro tanto de cada um dos irmãos, formamos um pecúlio e compramos uma casa no Jaçanã, onde, finalmente, tivemos sossego e lá viveu em paz, até o fim de seus dias, a minha mãe. E lá, até hoje, moram os irmãos Maria dos Anjos e João.

Ah, como é bom ter um lugar seco, seguro, confortável, para morar. Ah, como é bom ter um lugar próprio para viver. Mas coisas assim são mais valorizadas por quem passou por essas agruras, essas incertezas.

Capítulo 83

Do lar definitivo

Há mais de trinta anos, quando assistia a esses programas populares, na TV aberta, com auditório, o apresentador fez uma reportagem sobre o lugar onde morava. Adorei o lugar, como amor à primeira vista, e logo pensei comigo: "Um dia vou morar naquele paraíso".

Mais tarde, anos depois, aos sábados ou domingos, convidava a Nina, minha mulher, para passearmos por lá e sonharmos com aquele lugar, que me atraía como o olhar da mulher amada. Não havia nada de mais ali, mas me parecia muito agradável, deveras acolhedor, talvez pela proximidade da Capital, pelo acesso, pelo charme, pelo cuidado, pela natureza. Era e continua sendo bucólico. E eu repetia a mim mesmo, e não dizia nada a ninguém, para não parecer piegas: "Um dia vou morar ali". Mas como? Parecia tão perto e, ao mesmo tempo, tão distante de minha realidade.

Coloquei isso como uma meta, a exemplo de tantas outras coisas conquistadas, sempre com muito esforço, persistência, desejo e fé em Deus. Está lá na bíblia que os planos bem elaborados levam à fartura. Contudo, o apressado sempre acaba na miséria. Assim, caso você tenha um plano, se for bom, saudável, construtivo, siga em frente, passo a passo, confiante e corajoso. Haverá vozes contrárias à sua vontade, mas não desista. Um dia, o plano pode se realizar, desde que você se esforce e seja perseverante na busca de seus sonhos.

Anos se passaram e comecei a frequentar o lugar, o restaurante do lugar, junto com a Nina. Era bom, e nos sentíamos bem. Era agradável, silencioso, de paz. A nossa frequência aos domingos me fez aproximar do gerente do restaurante do lugar. Um belo dia, ele me disse que haveria um lançamento de um condomínio e me informou a data. No dia marcado eu e a Nina estávamos lá, no estande de lançamento. Chegamos cedo e escolhemos um bom lote, localizado na parte mais alta e plana do empreendimento. Pagamos em doze meses, sem acréscimo. Cumprimos a nossa obrigação, mas o empreendedor não. Em vez de entregar o condomínio dois anos depois do combinado, ele o fez seis anos mais tarde. Tinha de ser difícil, pois nada foi fácil em minha vida. Tudo bem.

Quando, finalmente, entregaram o condomínio, nosso projeto também foi aprovado. Daí, recorri a um amigo engenheiro, que montou uma equipe e, a um custo que estava ao alcance do meu bolso, de minhas economias, acumuladas pela labuta de meio século de trabalho, construiu minha casa, nossa casa, onde passamos a morar, a Nina e eu, e com espaço para os três filhos, caso queiram ali morar ou passar algum tempo.

Ali tem tudo, tem espaço, tem natureza, tem pôr do sol, tem paz e eu posso viver o sonho realizado. O lugar é a Aldeia da Serra, onde passarei o resto de minha vida. E pensar que tudo começou lá quando me encontraram, engatinhando, ao lado de uma lagoa, em Serra do Teco, fazenda de minha família, no município de Brejões, na Bahia.

Da Serra do Teco à Aldeia da Serra, eis a trajetória de minha vida, que procurei sintetizar neste pequeno livro, que dedico à minha família, aos amigos e a você, brasileiro, que nunca desiste dos seus sonhos. Basta saber o que quer, esforçar-se e não desanimar diante dos primeiros obstáculos, mas sempre com muito trabalho e fé para trilhar um caminho construtivo e com o qual se sinta realizado, segundo aquela máxima: ter um filho, plantar uma árvore e escrever um livro.

Considerações finais

Meu caro leitor, obrigado por percorrer comigo esta estrada de 67 primaveras. Nem tudo foram flores, mas procurei semear algumas sementes.

Idealizava que essa estrada seria reta, plana e sem obstáculos. Contudo, encontrei no caminho subidas, descidas, espinhos, abismos, pedras, lágrimas, suor e sangue.

Nesses instantes, parei e olhei para o céu e lá vi Nossa Senhora Aparecida. Olhei para trás e lá vi sua imagem amiga com o braço estendido, olhar esperançoso, e tudo foi se esvaindo, de modo que continuei andando, plantando e colhendo.

Uma vez ou outra, o tombo foi grande, mas me levantei, me sacudi, retirei os dejetos e segui em frente, limpo, tendo como escora a mão amiga de Nossa Senhora Aparecida, a guiar-me pela luz do sol, da lua e das estrelas.

Nada, absolutamente, nada foi suficiente para me fazer parar, porque, fora de mim, existe a natureza e, dentro de mim, há o amor de Deus e dos homens de boa vontade.

TRAJETÓRIA PROFISSIONAL DO AUTOR

FRANCISCO SOLANO DE SANTANA

Delegado de Polícia — 2ª Classe, atualmente titular do 99º DP.

Data de nascimento: 13.07.1957

Filiação: Alfredo Fiel de Santana e Maria dos Santos Santana

Nacionalidade: Brasileira **Naturalidade:** Brejões-BA

Estado civil: Casado **Sexo**: Masculino

FORMAÇÃO ESCOLAR:

Curso Superior

Escola: FMU — FACULDADES METROPOLITANAS UNIDAS

Curso: Direito

Conclusão: 1985

HISTÓRICO PROFISSIONAL:

RS 7700489-01

Ingressou na Secretaria de Segurança Pública em 1991, obtendo a 3ª colocação, conforme publicação no Diário Oficial datado de 20.07.1991.

De 1991 a 2000

Exerceu o Cargo de Delegado de Polícia Plantonista junto ao 80º DP, 43º DP, 11º DP, 99º DP (duas vezes) e 100º DP.

De 2001 a 2008

Exerceu o cargo de Delegado de Polícia Assistente junto ao 92º DP, 85º DP, 99º DP, 43º DP, 101º DP e 87º DP, tendo saneado o acervo cartorário de todas essas Delegacias de Polícia, notadamente do 92º DP, que apresentava mais de 6 mil Inquéritos Policiais em 2001, reduzindo-os para 700 IPs no prazo de dois anos.

Em cada um dos demais Distritos Policiais citados, o acervo cartorário foi diminuído para 300 feitos aproximadamente, precisando, para isso, exercer seu mister nos finais de semana e feriados.

Foram concluídas mais de 6.000 peças inquisitoriais, propiciando maior celeridade aos feitos inaugurais e oferecimento de inúmeras representações acerca de prisões cautelares, desbaratando várias quadrilhas.

De 2009 a 2011

Exerceu o cargo de Delegado Assistente no Deic (Delegacia de Repressão a Roubos de Cargas e Delegacia de Repressão a Crimes de Roubos e Extorsões), notabilizando pela maior produção cartorária desse Departamento. Contribuiu para a diminuição da incidência de roubos de cargas no Estado de São Paulo, no percentual de 10%, motivo pelo qual foi homenageado pela Confederação dos Sindicatos das Empresas Transportadoras Rodoviárias do Estado de São Paulo.

No ano de 2012

Exerceu o cargo de Delegado Assistente junto ao 96º DP, onde presidiu diversos trabalhos, dentre os quais o que foi difundido pela mídia como a "Gang dos Playboys", reconhecido pelo Instituto Sou da Paz como o melhor trabalho da Polícia Civil do Estado de São Paulo no ano de 2012, em Cerimônia Oficial de homenagem e premiação ocorrida no Theatro Municipal.

De 2013 a 2014

Exerceu o cargo de Delegado de Polícia Titular no Denarc — 5ª DEAP, que depois foi alterada para 6ª Dise, destacando-se pelo volume de drogas apreendidas e pelas quadrilhas desarticuladas.

Desde o início do ano de 2015 até esta data

Exerce o cargo de Delegado de Polícia Titular do 99º DP — Campo Grande, que ocupa a 5ª colocação na avaliação do Decap, no quesito produtividade.

CURSOS:

Curso específico de aperfeiçoamento para Delegado de Polícia de 3ª Classe em 25.09.1998, com 150 horas de duração, obtendo média final 94.

No exercício de 2015, realizou curso de aperfeiçoamento de Delegado de Polícia de 2ª Classe, visando ao preenchimento de requisitos para a promoção para a 1ª Classe.

REFERÊNCIAS PESSOAIS:

Dr. Abrahão José Kfouri Filho — Ex-Delegado-Geral da Polícia Civil do Estado de São Paulo

Dr. Domingos Paulo Neto — Ex-Delegado-Geral, Ex-Diretor da Corregedoria e Ex-Diretor do DHPP

Dr. Albano David Fernandes — Atual Diretor do Decap

Dr. Marco Antônio Novaes Pereira de Paula Santos — Delegado Titular da 4ª Seccional - Decap

OUTRAS PROFISSÕES:

No período de 1986 a 1990 exerceu a profissão de advogado, em escritório próprio.

PUBLICAÇÕES